Schrönghamer-Heimdal: Niederbayerische Bauernköpf

kleine rosenheimer raritäten

Franz Schrönghamer-Heimdal

Niederbayerische Bauernköpf

Mit einem biographischen Nachwort
von Alois J. Weichslgartner und
Illustrationen von Josef Fruth

Rosenheimer

J.W.Fruth

Inhalt

· Druck: Hieronymus Mühlberger, Augsburg · Bindung: Hans Klotz, Augsburg · Schutzumschlag: Ulrich Eichberger, München (Zeichnung: Josef Fruth, Fürsteneck)

ISBN 3-475-52104-0

Der Krautloher Kaspar

»Bauer, da geh a Mal her«, schreit die Krautloherin, wie sie wieder einmal beim Aufräumen ist. »Was hast du jetzt eigentlich für eine Manier, daß du die Polsterzüchl (Kopfkissen) alleweil zerreißt bei der Nacht? Grad sieht's aus, als wenn du sie mit einem Messer zerschneiden tätest. Das ist jetzt das dritte schon in dem Monat. Jetzt wenn das vierte auch noch hin wird, dann hau ich sie dir alle viere so lang um deinen roten Schädel, bis ich bloß mehr die Zipfeln in der Hand hab! Das merkst dir, Kaspar!«

Der Krautloher schaut groß und klein: »Ich und die Polsterzücheln zerreißen? Das ist mir neu, Bäuerin!«

»Stad bist!« sagt die Krautloherin. »Und zum Bader gehst und laßt dir die Haare einmal richtig schneiden! Richtig, sag ich, nicht vom Nachbarloisl, der sie mit der Schere allemal nur ein bißchen überhupft, sondern vom Bader mit der neumodischen Maschin, daß er dir deine Besenstauden einmal mit Putz und Stingel wegräumt. Und gleich gehst zum Bader jetzt!«

Es ist schon wahr. Einen Haarwuchs hat der Krautloher, wie der flammende Dornbusch so rot und hart wie eine Stallbürste, und es wär kein Wunder, wenn er alle Polsterzüchl zerreißen tät damit, denkt sich die Krautloherin. Früher, wie der Krautloher noch jünger gewesen ist, da hat die Krautloherin nichts gesagt, wenn sie seine Bartstoppeln gestochen und gekitzelt haben beim Busselgeben. Aber jetzt, wo sich das Kitzeln mit dem Bart fast aufgehört hat, soll alle Augenblicke ein Polsterzüchl hin sein . . .

Mir ist's recht, denkt sich der Krautloher. Der Gescheitere gibt nach. »Also tu ich dir halt den Willen und laß mir die Haar vom Bader schneiden und nimmer vom Nachbarloisl.«

Am nächsten Tag sitzt der Krautloher schon richtig in der Baderstuben, und die neumodische Maschine rumpelt auf seinem Schädel hin und her, daß die Haar wie die Zündhölzer in der Stube umeinanderfliegen. Und wie der Bader fertig ist, sagt er:

»Krautloher, du mußt mir schon um eine Maß Bier mehr zahlen wie ein anderer, weil ich die Maschin eigens schleifen lassen muß. Denn bei dir ist's ja grad, als wenn man Glasscherben und Stacheldraht schneiden tät. Solchene Haar, wie du hast!«

»Ist schon recht«, sagt der Krautloher. »Und ich zahl' dir schon!«

Der Bader denkt sich seinen Teil und schaut nachdenklich auf dem Krautloher sein Köpfl, sein geschertes. Da ist's ja grad wie auf der Landkarte: Gebirge und Flußläufe, so viele Binkl und Schrammen hat er drauf, der Krautloher, von der Zeit her, wo's in seinem Köpfl drinnen auch so brennrot gewesen ist wie auswendig, wo der Krautloher das Jugendfeuer noch gehabt hat und gerauft hat, daß die Fetzen geflogen sind.

»So«, sagt der Bader. »Jetzt haben die Läus Luft. Und geh nur heim, Krautloher, und du wirst kein Polsterzüchl mehr zerreißen!«

Das vierte Polsterzüchl hält's aus, und die Bäuerin hat wieder einmal recht gehabt. Und der Krautloher hat einen Mordsrespekt vor der neumodischen Maschin!

Das Polsterzüchl zerreißt nicht, aber der Krautloher kriegt einen Schmerz am Kopf, daß er glaubt, der Kopf bricht ihm auseinander.

»Sei stad!« sagt die Krautloherin. »Das kommt vom wachsenden Haar. Das sticht halt ein bißchen. Und wenn sie alle heraußen sind, ist's mit dem Schmerz wieder aus. Jetzt halt ist dein Kopf noch süchtig.«

Aber der Schmerz hört halt nicht auf.

»Mir summt der Kopf wie ein Immenstock«, sagt der Krautloher, »und ich muß etwas dagegen tun, sonst werd ich verrückt. Was meinst denn du, Bäuerin?«

»Na, wie wär's denn, wenn du dich ansprechen lassen tätest? Der Hüter Schafhäutl kann's.«

»Hab auch schon dran gedacht«, sagt der Krautloher, »und der Schafhäutl wird seine Sache schon richtig machen. Wie man hört, hat er noch allen Leuten geholfen.«

»Freilich«, sagt die Bäuerin, »und geh nur gleich, denn je früher eins geht, desto geschwinder hilft es.«

Er hilft den Leuten schon, der Schafhäutl, aber nicht vom Schmerz, sondern von den Goldstücken im Geldbeutel.

Also läßt sich der Krautloher auch ansprechen. Ein paar Tage ist es ganz gut, weil der Schafhäutl gesagt hat, der Krautloher darf nach dem Ansprechen überhaupt an keinen Schmerz mehr denken, sonst nimmt er dem Heilspruch die ganze Kraft. Drei Tage hält's der Krautloher aus und denkt an gar nichts. Aber am vierten Tag fällt ihm plötzlich das vierte Polsterzüchl wieder ein, und da ist der Schmerz wieder da, ärger noch wie zuerst.

Da sagt die Krautloherin: »Wird halt das erste Mal nicht recht angegriffen haben, dies Ansprechen. Bei deinem großen Kopf braucht einer schon eine große Kraft, wenn's helfen soll. Gehst zum Schmied. Der hat mehr Kraft wie der lederne Hüter. Wenn dem Schmied sein Ansprechen für die Ross' hilft, nachher wird's bei dir auch helfen, denn du hast eine Roßnatur, Krautloher!«

»Meinst?« fragt der Krautloher. Und weil der Schmerz immer ärger wird, lauft der Bauer, wie er geht und steht, zum Schmied.

Nichts hilft es. Immer schlimmer wird es. Da sagt der Krautloher zu seiner Bäuerin: »Du wirst dich geirrt haben mit der Roßnatur, du Siebengescheite!«

Und weil ihm grad die Nachbarin begegnet, fragt er die.

»Ich halt nichts auf dies Ansprechen«, sagt die Nachbarin. »Und überhaupts, wie du der Mann bist, greift's bei dir gar nicht an. Da gehst lieber zu der Brennessel-Annamirl. Die hat schon was für deine Schmerzen.«

»Meinst?« sagt der Krautloher. »Nachher geh ich gleich, denn ich halte es schon gar nimmer aus.«

»Wo fehlt's denn?« fragt die Annamirl.

»Auweh, meine Haar!« schreit der Krautloher.

»Da kann ich dir schon helfen. Da ist ein Flaschel Brennesselbalsam. Etwas Besseres gibt es nicht, und wenn ein Flascherl nicht hilft, dann helfen mehrere. Laß nur nicht aus, Krautloher, mein Brennesselbalsam hilft dir gewiß!«

»Und was kostet denn so ein Flascherl?«

»Weil du es bist, Krautloher, sagen wir halt fünf Mark. Und wenn du wiederkommst, kosten die andern Flascherl, die du noch brauchst, bloß mehr vier Mark. Aber sag nichts, daß ich bei dir so billig bin!«

Aber der Krautloher ist nicht mehr gekommen, denn auf das Einreiben hin ist der Schmerz noch ärger geworden.

Da sagt die Krautloherin: »Ich ginge halt doch zu einem Doktor, zu einem richtigen.«

»Ja«, sagt der Krautloher, »muß ich denn sterben, weil du mich schon zu einem Doktor schickst?«

»Die Pfuscherei muß einmal ein End haben. Gleich spannst ein und fahrst in die Stadt zum Doktor, und da wird man's schon sehen, was mit deinem Haarwehdam eigentlich los ist.«

Beim Wirt, wo er einstellt, fragt er den Hausmeister, was für einen Doktor er ihm verraten tät.

»Doktorn«, sagt der Hausmeister, »haben wir's genug in der Stadt, und jeder ist tüchtig. Aber wenn du nicht weit gehen willst, nachher gehst zum jungen Hingsamer. Der ist gleich über der Straße, und der hilft dir schon.«

Geht also der Krautloher zum jungen Hingsamer. Die

Köchin steht schon da und führt ihn in ein wunderschönes Zimmer. Gleich darauf kommt ein feiner Stadtherr bei der Tür herein, und da sagt der Krautloher: »Herr Doktor, ich hab ein ganz greusliches Haarweh.«

Da lacht der Herr und sagt: »Mein Lieber, ich bin der Doktor nicht, ich bin selber Patient.«

Da geht die andere Tür schon auf, und ein junger Herr mit einem langen Schnurrbart sagt: »Also der mit seinem Haarwehdam soll gleich herkommen.«

»So du bist der Doktor«, sagt der Krautloher, wie sie im andern Zimmer sind.

»Jetzt ziehst deinen Rock aus!« sagt der junge Hingsamerdoktor. Nachher klopft er ihn ab und horcht mit einem kohlrabenschwarzen Röhrl hinten und vorn, daß dem Bauernmenschen zweierlei wird, und dann sagt er:

»Ja, Mensch, Sie sind ja kerngesund. Wo fehlt's Ihnen denn eigentlich?«

»Haarweh hab ich ja! Ganz malefizisch!«

»Wenn Ihnen die Haare weh tun, dann haben Sie gestern höchstens einen Saurausch gehabt. Oder nicht? Für Ihr Haarweh kann ich helfen. Ich verschreib Ihnen jetzt ein Pulver. Das nehmen Sie ein, alle Stunden eine Messerspitze voll, und mit einer Salbe reiben Sie sich die Haare ein!«

Diesmal hilft es sicher, denkt sich der Krautloher, wie er mit den Medikamenten aus der Apotheke kommt.

Es vergehen acht Tage, aber die Schmerzen beileibe nicht.

Da sagt die Krautloherin: »Du wirst halt deine Medizin verkehrt eingenommen haben, du Lalli, du dummer! Mit dem Pulver hättest dich wahrscheinlich einreiben sollen und die Salbe hätte zum Essen gehört. Jetzt kannst dein gutes Geld noch einmal hinausschmeißen!«

»Ich bitt dich, Bäuerin«, sagt der Krautloher schon ganz kleinlaut, »schick mich jetzt zu einem andern Doktor. Ich geh lieber zu einem andern.«

Der Krautloher fährt also wieder in die Stadt.

»Weißt mir keinen andern Doktor?« fragt er den gleichen Hausmeister wie das letzte Mal.

»Ja«, sagt der Hausmeister, »ich weiß dir schon einen. Geh nur in's Nebenzimmer. Da sitzt der Doktor Kannamüller beim Dämmerschoppen. Der hilft dir gewiß für deine Schmerzen.«

Der Doktor Kannamüller schnupft und schaut sich den Patienten an, dem die Haare gar so höllisch weh tun.

»Das werden wir gleich haben«, sagt der Doktor und greift den Rotschädel ab.

Auf einmal schreit der Krautloher: »Auweh!«

»So? Tut's da am wehesten?« fragt der Doktor.

»Ja, da, grad da!« winselt der Patient.

»Das werden wir schon kriegen. Also jetzt sagen Sie mir: Wann haben Sie denn das letzte Mal gerauft?«

»Gerauft hab ich noch nie!« lügt der Krautloher.

»Das glaub ich nicht«, sagt der Doktor.

»Daß ich's recht sag«, gibt jetzt der Krautloher zu. »Gerauft hab ich in letzter Zeit überhaupt nicht. Bloß vor drei Monaten etwa habe ich Frieden gestiftet beim Feuerwehrball, wie die andern gerauft haben.«

»Und da haben Sie halt ein Andenken gekriegt, das Sie anscheinend schon seit Monaten herumtragen. Haben Sie die erste Zeit gar nichts gespürt?«

»Gar nichts«, sagt der Krautloher. »Was soll ich denn gespürt haben?«

Der Doktor brummt etwas daher wie »Bauernschädel« und schreibt ihm einen Zettel, aber lateinisch, daß es der Krautloher nicht lesen kann.

»So«, sagt er nachher. »Mit dem Zettel gehen Sie jetzt in die Klinik vom Doktor Deidesheimer. Und heut abend, wenn Sie heimfahren, wird der Haarwehdam vorbei sein.«

»Schon wieder ein anderer Doktor«, sagt der Krautloher

zum Hausmeister im Wirtshaus. »Zum Doktor Deidesheimer muß ich jetzt. Wo ist denn der?«

»Ja«, sagt der Hausmeister. »Der Deidesheimer ist ein ganz geschickter Doktor. Und der hilft dir gewiß. Ich geh mit dir hin. Paß auf, der hilft dir!«

»Was ist jetzt mit dem Haarwehdam?« schreit die Krautloherin schon von weitem, wie der Krautloher heimkutschiert.

»Nimmer tut's weh!« schreit der Krautloher. »Der Schafhäutl ist ein Dreck gegen den Doktor Deidesheimer. Da schau nur grad her, was mir der Doktor für Haarwurzeln herausgeschnitten hat!«

»Das sind ja Mordsscherben von einem Halbekrügel!« schreit die Krautloherin. »Und die zwei Trümmer hast im Schädel gehabt und hast es erst gespürt, wie drei Polsterzüchl hingewesen sind von den Scherben!«

»Ja, und unser gescheiter Bader hat es nicht einmal gemerkt, wie er mir die Haar' geschnitten hat mir seiner neumodischen Maschin'!«

Das sonderbare Kanapee

Es war ein fahler, bedeckter Herbsttag voll blitzender Heimlichkeiten im bunten Laubwerk der Straßenbäume, voll Frauenfädengewirr und Spinngeweben im taunassen Geäst, als der Großbauer Balsen hoffnungsfreudig in die nahe Kreisstadt fuhr.

Tante Agathe war gestorben, und der Notar hatte anhergeschrieben, der Großbauer möchte sein Erbe abholen, mit dem er im Testament bedacht worden.

Voll blitzender Heimlichkeiten wie der Tag selber waren demgemäß auch die hochgestimmten Herzen des Großbauern Balsen und seiner Großbäuerin, die bald schweigend, bald schwätzend auf dem Sitzbrett des großen Leiterwagens dahinholperten.

»Brauchen täten wir's ja nicht«, meinte die Großbäuerin, »denn wir sind selber so gestellt, daß wir unserm Dirndl den Hof schuldenfrei übergeben können. Immerhin ist es schön von der Tante, daß sie uns nicht vergessen hat.«

»Ah bah!« tut der Großbauer achselzuckend. »Was sag ich denn? Ein hübscher Brocken wird herausspringen, wo wir doch in der nächsten Verwandtschaft sind! Wer weiß, ob der Leiterwagen langt für die Herrlichkeiten an feinen Möbeln und Betten. Und das Geld erst! Geld muß die gute Tante haben wie Heu! Zwanzigtausend Märker schätz ich wenigstens. Paß auf, das wird ein nobler Frühschoppen heut beim Wirt. Da wirst schlecken an süßem Ungarwein und ich leg mir ein paar Flaschen Schwarze Katz über – auf das Wohl der guten Tante Agathe. Solch ein Zutrunk kann ihr auch in der Ewigkeit nit schaden.«

»Nichts Gewisses weiß man nicht«, bescheidet die Großbäuerin in ihrer fraulich bedachtsamen Art. »Die gute Tante Agathe hat zwar für sich sehr wenig gebraucht, aber für die Armen hat sie nicht hinter dem Berg gehalten. Drum schätz ich, daß es mit dem Geld nicht soweit her sein wird.«

»Na, das werden wir ja bald sehen«, tut der Großbauer wichtig. »Ich weiß, was ich weiß, denn im Rechnen stell ich meinen Mann so gut wie beim Wirt. Und die ›Schwarze Katz‹ muß heut dran glauben, so wahr ich der Großbauer Balsen bin.«

Auf dem Gutshof des Großbauern Balsen ist alles in heller Aufregung über den großartigen Erbschaftsfall. In seiner Gönnerlaune hat der sonst so barsche Gebieter den Dienstleuten einen halben Feiertag verordnet, und die Gebieterin hat dazu ein Festtagsessen angeschafft mit dreierlei Braten und Freitrunk, wie sonst nur an Kirchtagen üblich.

Nach dem Festschmaus verzieht sich das Gevölk in die Weite, das eine dahin, das andere dorthin.

Nur der Roßknecht Thomas, eines Kleinbauern nachgeborener Sohn, bleibt in der Bauernstube zuhause und flickt an schadhaftem Roßgeschirr herum. Und Afra, des Großbauern Hoferbin, leistet ihm dabei Gesellschaft mit einem Strickstrumpf in fleißigen Händen.

Ach, denkt sich das brave Dirndl mit einem Seufzer, jetzt wenn der Thomerl halt ein Großbauernsohn wär mit zwanzigtausend Mark Heiratgut, nachher tät ich ihm gleich um den Hals fallen und so viel Busserl geben, daß ihm das Goscherl fransig würde. Was liegt mir an der Erbschaft von der guten Tante Agathe? Ja, wenn sie mir diesen guten Thomerl da vermacht hätte, in alle Ewigkeit tät ich ihr's danken. Aber so schlegelt mir das Herz in lauter Hoffnungslosigkeit, und es ist gar kein Darandenken, daß dieser brave Mensch da einmal Herr wird auf dem Hof. Denn die Großbauern haben alle miteinander so dicke Schädel, daß sie keinen Kleinbauernbuben als Hochzeiter aufkommen lassen. Das ist eine zuwidere Sach – o weh!

Ach, denkt sich der Roßknecht Thomas, grad brennend wird's in mir, wenn die gute Afra in meiner Näh ist. Auf die Arme möcht ich sie nehmen wie ein kleines Kinderl und mit ihr landlerisch durch die Stube wirbeln, bis ich umfalle vor Glück und Seligkeit. Aber da wird mir der Schnabel sauber bleiben. Ein Großbauerndirndl und ein Roßknecht – das wär ein Zusammenstand wie ein Schwalberl und ein Ganserer. Hurnaus und Hollerstauden – wenn der Guggetzer den Teufel holet und die dicken Schädel aller Großbauern dazu, nachher könnt auch unsereiner ein Wörtel reden, das sich gewaschen hat.

Bedrückendes Schweigen lastet in der Bauernstube. Die Wanduhr tickt gleichmäßig und gelassen. Was weiß sie von Herznot junger, hoffnungsloser Liebe?

Da poltert ein Fuhrwerk durch das Hoftor, und ein Fluch schmettert durch die offenen Fenster, daß es den Roßknecht hochreißt und die Afra erschrocken ihren Strickstrumpf fallen läßt.

»Auweh, der Vater!« stammelt sie. »Wie ich ihn kenn, ist's also nichts mit der Erbschaft. Sonst säß er noch bei der ›Schwarzen Katz‹...«

»So, Thomerl, da hast das Geraffel!« schreit der Großbauer Balsen den Roßknecht im Hof an. »Ein Kanapee haben wir geerbt, ein wunderbares Kanapee, schau's nur an! Zersessen und zernudelt, wurmstichig und fadenscheinig! Eine Beleidigung für einen Großbauern! Ich schenk dir's, Thomerl! Pack's nur gleich und trag's in deine Kammer, ich will's nimmer sehen – verstanden?! Und noch eins: Gelacht wird von heut ab nicht mehr auf meinem Hof! Ich kann's nimmer hören. Ich bin geladen voll Wut und Grimm wie eine Granate! Merk dir's und sag's auch den andern: Wenn ich noch einmal eins lachen hör auf meinem Hof, nachher fallt der Watschenbaum um!«

»Tu doch nit gar so«, will die Großbäuerin wehren. »Was kann denn der Thomerl dafür, daß die Erbschaft so ausgefallen ist? Ich hab dir's doch gleich gesagt, man sollt sich nicht so große Hoffnungen machen. Für uns langt das Unsere so . . .«

»Stad bist!« begehrt der Großbauer auf. »Was gesagt ist, ist gesagt. Und der Herr bin alleweil noch ich – verstanden?«

Nun steht das »wunderbare Kanapee« neben der Häckselkiste in der Roßknechtkammer.

Gar nit so zuwider, denkt sich der Thomerl, wie er's ausprobiert. Für einen Roßknecht ist's noch gut genug zur Feierweile. Und wenn man darauf herumhopst, quietscht es wie eine Ziehharmonika. Auweh, da platzt ja der Überzug schon. Aber was ist denn das?

Dem Thomerl bleiben auf einmal alle Sinne stehen, alle fünf auf einmal. Und der sechste ist beim Thomerl durchaus noch nicht entwickelt.

Ja, was ist denn das, was da aus der geplatzten Naht quillt? Wahrhaftig, – ein Goldstück, noch eins, noch eins.

Nun trennt der Thomerl mit fiebernden Händen die Naht völlig auf. Der ganze Boden dieses wirklich wunderbaren Kanapees ist mit Goldstücken förmlich gepflastert.

»Zwanzigtausend Mark – Afra, Dirndl lieb's, jetzt langt's!« ist sein erlösendes Wort. Denn das Kanapee ist sein Eigen, der Bauer hat's ihm geschenkt und damit auch das viele Geld.

Und wie der Haufen Gold wohlverwahrt in seinem Kasten liegt, tritt er vor die Stalltür und stößt einen Juhschrei über den Hof, daß die Taubenschläge wackeln.

»Weißt es nimmer, was ich gesagt hab?« stürmt der Großbauer grimmig daher. »So, du hast von heut ab Feierabend! Ich will doch sehen, wer Herr ist auf dem Hof!«

»Ist recht«, sagt der Thomerl gelassen. »Ich hätt sowieso bald aufgekündigt, weil ich 's Heiraten im Sinn hab.«

»Das geht dir grad noch ab. Von mir aus heiratest auf den Mond hinauf!« wendet sich der Großbauer mit Hohn.

Auf einem stillen Kirchweg gibt es eine heimliche Aussprache zwischen dem braven Thomerl und der glückseligen Afra von wegen des wunderbaren Kanapees mit seinem heimlichen Inhalt.

Und nach dem Kirchgang fädelt Afra die Sache daheim schön langsam ein. Zuerst mit der Mutter, die den Vater herumkriegen soll. Der will von der Sache zuerst nichts wissen, weil er selbst noch Herr sein will auf dem Hof.

»Wenn's aber einer ist, der zwanzigtausend bare Mark aufbringt?« fragt sie vorsichtig.

»Nachher mag's von mir aus ein Chineser sein«, ist sein Bescheid. »Mit zwanzigtausend Mark im Austrag – da kann man sich wieder einmal eine ›Schwarze Katz‹ leisten. Da sag ich ja, und wenn der Kerl aus Botokudien stammt.«

Also ist die Heirat zwischen dem braven Thomerl und der glückseligen Afra richtig geworden.

Der Großbauer Balsen hat sich zwar weidlich gewundert, wo der Thomerl den Haufen Geld hernahm, aber er hat sich nicht weiter darum gekümmert. Die Hauptsache war, daß er es beibrachte. Das andere war ihm gleichgültig.

Als er aber nach der Hochzeit vom Inhalt des wunderbaren Kanapees erfuhr, da half all sein Toben nichts mehr – es war zu spät.

Er hat seinen Grimm beim Wirt solange mit »Schwarzer Katz« getränkt, bis er sich in lauteres Wohlgefallen auflöste.

Jetzt lacht der Großbauer Balsen selber wieder, denn der Thomerl ist ein wackerer Hofbauer und seine Afra das fröhlichste Weib weitum.

Das wunderbare Kanapee ist von der Knechtkammer in die gute Stube gekommen, wo es einen Ehrenplatz einnimmt. Und darüber thront in einem Blumenkranze das lebensgroße Bild der braven Erbtante Agathe, der dieses haushohe Menschenglück zu danken ist.

Die Kramermirz

Ich bewundere den Fortschritt der Zeit, wenn ich bedenke, daß damals, vor mehr als einem halben Jahrhundert, das einzige kaufmännische Verkehrsmittel meiner Heimat die Kramermirz war, ein altes Weib in den Sechzigern. Sie hatte auch den einzigen Kramladen im Dorf, und das war ihr Rückenkorb, aus Buchspänen geflochten, deren drückende Stäbe durch ein Polster, mit Waldmoos gefüllt, etwas gemildert waren.

Diesen Korb trug die Kramermirz, die Waldwinterszeit ausgenommen, jede Woche dreimal den fast sieben Stunden dauernden Weg nach Deggendorf und zurück. Und jedesmal war der Korb bis obenauf gefüllt. Auf dem Hinweg mit Eiern, Butter, Schmalz, Hühnern, Tauben, Forellen, Latwerg, Honig, Wacholderbeeren, Haselnüssen und sonstigen Erzeugnissen der Landwirtschaft, oder mit Schätzen, die der Wald darbot und die in der Deggendorfer Stadt begehrt waren. Auf dem Heimweg war der Korb mit Semmeln zum Knödelmachen vollgestopft, dann mit Schulbüchern, Schürzenstoffen, Schiefertafeln, Salzheringen, Minzenkugeln, Kandiszucker, Kaffeepäcklein, neuen Kalendern, Hoffmannstropfen, Rasierseifen, Schnupf- und Rauchtabak, Schreibfedern, Mundharmoniken und Medizinen, die man der Mirz zur Bestellung aufgetragen hatte.

Mit diesem Korb machte die Mirz den weiten Weg in die Stadt dreimal in der Woche hin und zurück und jedesmal an einem Tage. Sie brauchte nicht volle sieben Stunden, weil sie erstens den allernächsten Weg wußte und zweitens nirgends einkehrte. Und jedesmal ging sie den weiten Weg barfuß, bei jedem Wetter. Einen Regenschirm kannte die Mirz auch nur vom Hörensagen. Bei Sturm und Hagel zog sie einfach den Rock über den Kopf.

Ihr Gesicht war braun und derb wie Leder, und Fußsohlen hatte die Mirz fast so stark und widerstandsfähig wie ein doppeltgenähter Gebirgsstiefel. Ihre Füße habe ich in Sommerszeiten nie anders gesehen als schwarzblau bis zu den Knöcheln: gesprenkelt vom Safte der Heidelbeeren, die sie auf ihren einsamen Waldwegen zertrat.

Um Mitternacht brach die Kramermirz jedesmal auf, wenn sie zur Stadt mußte. Der Korb mit den Eiern und so weiter wurde schon abends vorher bereitgestellt. Dann fütterte sie ihre zwei Ziegen, molk sie und trank ein Schälchen Milch zum mitternächtlichen Frühstück. Die halbe Semmel, die sie sich gönnte, aß sie schon auf dem Wege.

So zwischen sechs und sieben Uhr früh war sie schon jedesmal in der Stadt. Natürlich war noch keine Seele wach. Das war der einzige Ärger der Mirz, daß sie die Ladenbesitzer, mit denen sie zu tun hatte, immer erst heraustrommeln mußte. Und sie war schon mehr als sechs Stunden weit gelaufen mit einem ungefähr halbzentnerschweren Korb auf dem Rücken. Und sie prophezeite den Stadtleuten wegen ihres späten Aufstehens Krieg, Krankheit, Kometengefahr, Pestilenz, Viehseuchen, Teuerungen, Aufstände und schließlich das Ende der Welt. Die Stadtleute rieben sich lachend den Schlaf aus den Augen, schlüpften in die Pantoffeln und bedienten die Mirz in aller Geschwindigkeit. Denn die Mirz sagte jedesmal zum Bäcker wie zum Apotheker, zum Krämer wie zum großen Kaufherrn: »Tummle dich! Tummle dich! Um sieben Uhr muß ich wieder fort. Schau hin auf die Rathausuhr.« Und die Stadtleute tummelten sich, daß sich die Mirz nicht versäumte.

Um sieben Uhr nahm die Mirz ihren Korb mit den Semmeln, Schiefertafeln, Salzheringen, Kalendern und so weiter wieder auf und lief heimzu ins Marbacherdörfl. Wenn sie in Kirchdorf Mittag läuteten, kam sie schon die Brukker Höhe herauf. Sie faltete die braunen, runzligen, häutigen Hände und drehte die Daumen wie Kreisel gegeneinander mit einer Geschwindigkeit, daß man nur noch die Wirbel der schwingenden Daumen sah.

Wenn sie dann nach Mittag vom Stadtgang kam, stellte sie die Kirm in die Stube, lief in den Stall, fütterte und molk die Ziegen und trank wieder ein Täßchen Milch als Mittagsmahl.

Und die halbe Semmel, die sie sich gönnte, aß sie schon wieder unterwegs. Denn die Mirz, die schon mehr als zwölf Wegstunden hinter sich hatte, ungerechnet die Gänge in der Stadt, mußte jetzt in den Walddörfern herum und das Mitgebrachte abliefern: Medizinflaschen, Knödelbrot, Kaffeepackl, Kandiszucker und so weiter.

So lief sie noch einmal mehr als vier Stunden herum...

Und wenn sie dann abends heimkam, schüttelte sie den Kittelsack auf den Tisch, stellte die Markstücke in eine Reihe, die Fünfzigerl, die Zwanzigerl, die Zehnerl, die Fünferl, die Zweiringe und die Pfennige. Jede Gattung für sich gereiht. Dann nahm sie von den Markstücken eins weg, von den Fünfzigerln eins bis herunter zum Pfennig. Von jeder Geldsorte ein Stück.

Dann holte sie aus dem Strohsack ihres Stubenbettes einen hirschledernen Beutel, tat die weggelesenen Geldstükke hinein und versteckte den Beutel wieder im Bettstroh.

Das war ihr Tagesverdienst, wie sie aus langjähriger Erfahrung wußte. So viel mußte übrigbleiben. Und blieb auch übrig. Die Rechnung ging immer glatt auf.

Das übrige Geld tat sie wieder in den Kittelsack, als Betriebskapital gewissermaßen, obwohl die Mirz dieses Wort damals nicht kannte.

Und dieses Betriebskapital machte es erklärlich, warum ihr bei ihren Handelschaften von jeder Sorte wöchentlich dreimal je ein Stück blieb, also dreimal eine Mark, dreimal fünfzig, dreimal zwanzig, dreimal zehn, dreimal fünf, drei-

mal zwei und dreimal ein Pfennig. Summa summarum: Fünf Mark und vierundsechzig Pfennige Wochenverdienst vom sechsmaligen Hin- und Widerlaufen zur Stadt, jeweils mehr als sechs Stunden, die Gänge in der Stadt und in den Walddörfern gar nicht gerechnet.

Die Kramermirz hatte also einen Stundenlohn von etwa zwölf Pfennigen.

In Wirklichkeit hat sie mehr verdient, die Mirz. Manchmal bekam sie ein Trinkgeld. Und an den Tagen, in denen sie nicht zur Stadt lief, half sie den Dorfleuten bei der Arbeit.

Zur Winterszeit, für die sie sich mit Dauerwaren eindeckte, da das Stadtlaufen wegen haushohen Schnees unmöglich war, strickte sie für die Dorfleute um Lebensmittel.

Zweimal oder auch öfter im Jahr schwollen ihr die Münzen im Kittelsack derart, daß sie jedesmal eine Handvoll herausnehmen und in den hirschledernen Beutel im Bettstroh tun durfte. Das waren dann Haupt-, Fest- und Wundertage für die Mirz. An solchen Tagen konnte sie an die achtzig Mark oder mehr beiseite tun, ohne daß der Handel stockte.

Abends, wenn die Mirz ihre Ziegen gefüttert und wieder ein Schälchen Milch nebst einer halben Semmel genossen hatte, saß sie daumendrehend auf ihrer Hausbank und sah die Gassen entlang. Dann kamen ihre vier Buben, die im Dorf bei den Bauern als Knechte dienten, und setzten sich links und rechts neben die Mutter, die jedem zum Willkomm eine Minzenkugel in den Mund schob. Und sie selbst gönnte sich auch eine, weil sie gar einen so guten Magen machen, die Minzenkugeln.

Das weiß ich aus eigener Erfahrung, denn ich habe weiland als Waldbüblein nicht die wenigsten Minzenkugeln gekauft von der Kramermirz.

Dieweil die Buben an ihren Minzenkugeln schleckten, gab ihnen die Kramermirz gute Lehren: sie sollten fest arbeiten, vor Lichtmeß keinen Lohn einbringen und kein Weibsbild anschauen.

Da zog dann der Sepp seine Mundharmonika heraus und spielte einen Landler. Und die Mirz drehte die Daumen noch flinker. Dann kam's ihr auch in die Füße. Und schon wirbelte sie mit dem Xaverl in schnellem Landler wie ein Wiesel auf dem Anger, die Mirz, das alte Weib, das mehr als sechzehn Stunden mit schwerem Rückenkorb herumgelaufen ist.

»Die Mirz, ja die Mirz, das ist eine Gußeiserne«, sagten junge Bäuerinnen.

Über den lateinischen Brocken und arithmetischen Rechnungen, über der Schlacht von Marathon und dem Bottnischen Meerbusen, die ich bald darauf in der Studienstadt auswendig lernen mußte, vergaß ich die Kramermirz daheim im weltverlorenen Walddörflein.

Und dreißig Jahre später, als ich wieder einmal heimkam und mit einem Bekannten durch den Kirchhof ging, da las ich auf einem schiefen Kreuzlein an der Mauer:

Hier ruht die ehrengeachtete Frau Anna Maria Perl, gewesene Krämerin von Marbach.

»Wer ist denn das, die Anna Maria Perl?« frage ich den Freund.

»Die Kramermirz ...«

»Das hab ich gar nicht gewußt, daß sie sich Perl schrieb. Hab mich oft gewundert über sie.«

»Eine Kramermirz steht nicht mehr auf«, sagt mein Freund und Landsmann.

»Es steht keine mehr auf wie die ...«

Bürgermeisterwahl

Ich durfte mit dem Vater ins Bräuhaus gehen. Es war Bürgermeisterwahl. Ich war damals mit meinen acht Jahren noch nicht wahlberechtigt, aber ich sollte eine Wurst bekommen, die mir der Vater versprochen hatte. Darum durfte ich mit in die Bräustube, wo es schon schwarz war von wahlberechtigten Gemeindebürgern, die heute ihr Oberhaupt wählen sollten.

Am hintern Tisch, wo unser Nachbar, der Höggenstaller, saß, erwischten wir noch ein Plätzlein.

»Vater, die Wurst!«

Und die Bräuin brachte mir gleich eine Wurst. Ich drückte mich selig in meinen Winkel und biß der Wurst gleich einen Zipfel ab. Donnerwetter, das war ein Saft und Geschmack, daß mir heute noch das Wasser im Munde zusammenläuft.

»Bräuin, zwei Würst!« schrie der Höggenstaller.

Und die Bräuin brachte dem Höggenstaller zwei Würste, brachte sie mit der blanken, prallen Hand und legte sie auf den Tisch.

»So eine Sauerei!« begehrte der Höggenstaller auf. »Weißt denn nicht, was sich für einen hausgesessenen Bauern gehört! Bin ich etwa ein Hütbub oder ein Häuslmann? Einen Teller möcht ich und Messer und Gabel!«

»Rammel, g'scherter«, brummte die Bräuin und brachte dem Höggenstaller das Gewünschte.

Wozu braucht denn der Höggenstaller einen Teller und Messer und Gabel? dachte ich im stillen bei mir selbst. Da ich mit meiner Wurst schon fertig war, hatte ich Zeit, den Höggenstaller zu beobachten. Ich tat es unverwandt und aus voller Seele. Auch die wahlberechtigten Gemeindebürger taten es.

Der Höggenstaller also legt die Würste in den Teller, sticht sie mit der Gabel an und zieht ihnen mit dem Messer die Haut ab. Die Haut schiebt er in die Rocktasche, wo ihm das Schnupftuch heraushängt.

Schad um die schönen Häut! denk ich mir. Die wird er wohl seinem Tyras heimbringen. Der wird schlecken! Wo die Haut gleich noch besser ist wie die Wurst selber. So eine Verschwendung!

Der Höggenstaller aber schneidet die Würste in feine Scheiben auf, gupft eine Mischung Pfeffer und Salz auf den Teller, spießt mit der Gabel eine Wurstscheibe auf, taucht sie ins Gewürz und fährt damit zum Mund.

Vollbringt der eine langweilige Esserei, denke ich mir. Ich wäre mit den zwei Würsten schon fertig – und mit den Häuten auch!

Wortlos und feierlich gabelt der Höggenstaller seine Wurstscheiben auf, das Gesumme in der Bräustube verstummt allmählich, weil alles nur einen Blick hat auf den seltsamen Wurstesser. Ich lese Hochachtung in diesen Blikken, und eine Waldbauernstimme flüstert: »Respekt! Der Höggenstaller versteht das Wurstessen. So fein kann's ja nicht einmal der Bezirksamtmann.«

Endlich – mir scheint eine Stunde vergangen zu sein – hat der Höggenstaller das letzte Wurstscheiblein gegessen. Ich atme erlöst auf und kann mein Giermaul wieder zumachen, das während der ganzen Esserei offen gestanden. Das Gesumme in der Bräustube hebt wieder an – und eine Viertelstunde später ist der Höggenstaller Bürgermeister – einstimmig gewählt!

Mein Vater und ich haben die Ehre, das neue Gemeindeoberhaupt auf dem Heimweg zu begleiten. Ich bin sehr stolz auf unsern Nachbarn und seine neue Würde, obwohl ich mich über seine langweilige Wurstesserei geärgert habe.

Auf dem Schwendhübel bleibt der Höggenstaller stehen, klopft meinem Vater auf die Schulter und spricht: »Ja, Michel, man muß seine Leut kennen. Denen hab ich einmal ein Wurstessen vorgemacht, daß ihnen die Augen herausgehängt sind wie Salzbüchsel. Da haben sie's einmal gesehen, daß der Höggenstaller ein Mann ist, der wo eine Büldung hat. Na ja, sie haben mich auch zum Bürgermeister gemacht. So, und jetzt friß ich die zwei Wursthäut!«

Und er zieht die zwei Wursthäute heraus und frißt sie samt den Spagatschnürln, die an den Zipfeln baumeln.

»Michel«, sagt er nachher zum Vater, »das hätt sich nicht geschickt, daß ich die Wursthäut gleich gefressen hätt!«

Wölfel aus der Wolfau

Der höchste Bauer im Böhmerwald ist der Wölfel in der Wolfau. Schon die Namen sagen, daß da seit Urzeiten Wildwuchs wuchert, Wildtiere äsen, Winterstürme wüten!

Zwar, die Wölfe und Bären sind in der Wolfau schon ausgestorben. Geblieben ist aber der Name und der Wölfel selber als Nachfahre eines Geschlechtes von Kohlenbrennern, die die Wildnis gerodet und dem steinigen Berghang eine karge Hutweide für ein paar magere Kühe und für sich selbst eine kümmerliche Ackernahrung abgerungen haben. In kurzen, wettertobenden Sommern gedeiht nichts als Erdäpfel, Kraut und ein wenig Hafer. Wenn der Wölfel und sein Knecht mähen, müssen sie bei jedem dritten Hieb wetzen, bei jedem Zwölften dengeln, weil die versteckten Steine jede Schärfe lähmen.

Vor einigen Jahren ist's dem Wölfel noch gut gegangen, so gut, daß er mit keinem Hofbauern im Schmalztobel drunten, wie man die fetten Talgründe heißt, getauscht hätte. Da ist er im Sommer in den Staatsforst gegangen als Rottmeister und Waldaufseher, im Winter hat er dann mit seinen Öchslein gefuhrwerkt, während der alte Hannes, der Knecht, daheim die Wirtschaft besorgte. Da hat dann der Wölfel alljährlich auf Lichtmeß seinen Knecht rechtschaffen entlohnen können, und ihm selbst ist auch noch ein Strumpf voll blanker Taler geblieben.

Wenn ich auf kurze Urlaubstage in die Heimat fahre, ist mein erster Ausflug jedesmal zum Wölfel in die Wolfau hinauf.

Da sitze ich erst eine Weile auf der Steinhalde und halte Schau in die weite Welt hinaus, die aus duftigen Fernen blaut. Dann schaue ich mir das Gewese auf der Wolfau selber an. Es ist noch der alte Wildwuchs wie in meinen Kna-

benzeiten. Brombeerranken kriechen üppig in das dürre Haberfeld hinein, im Krautacker behaupten Heidelbeerbüsche ihr uraltes Heimatrecht, aus dem Erdäpfelacker ragen Granitblöcke wie von Vorzeitriesen hineingeschleudert.

Inmitten dieser sommerprächtigen Waldwildnis steht das Wölfelhäusl mit seinem Holzschrott und den windschiefen Schuppen und Scheunen wie eine verwunschene Märchenheimat. Man merkt es dem sonnenbraunen Holzgebälk mit den winzigen Fenstern noch heute an, daß es ehedem ein Unterschlupf war für Kohlenbrenner. Wie das Gewerbe allmählich verfiel, ist aus der Köhlerhütte ein Berghöfl geworden und der Wölfel der höchste Bauer im Böhmerwald.

»Das schönste Höfl im Land hab ich«, behauptet der Wölfel beim Plaudern. »Alle Augenblick steigt ein Maler daher und färbelt es auf die Leinwand. Wenn ein Wanderer auf dem Gangsteig vorbeigeht, knipst er das Höfl und mich dazu mit meiner Tabakspfeifen. Und du selber hast hinter meinem Rücken ein Gedicht gemacht auf das Höfl und mich. Hab's schon gelesen im Wochenblattl.«

»Ist schon recht, Wölfel, alter Spezi. Wie's dir sonst geht, möcht ich wissen, jetzt in dieser lausigen Zeit?«

»Seit wir in der Früh und zum Nachtmahl bloß mehr eine Hafersuppe und zum Mittagessen Kraut und Erdäpfel haben, brauchen wir keinen Doktor und keinen Bader mehr, der Hannes und ich«, antwortet der Wölfel.

»Ja, ja«, sage ich, »die Nüchternheit und die Mäßigkeit erhalten den Menschen gesund. Man weiß ja eh nicht, von was man fett wird ...«

»Fett?« begehrt der Wölfel auf und reckt seine mageren Gliedmaßen, daß die Gelenke knacken. »Fett werden wir nicht da heroben, und von uns wird auch niemand fett, am wenigsten der Notar.«

»Der Notar – wieso der?« frage ich verwundert. »Willst etwa schon übergeben und wem?«

Der Wölfel schüttelt das Haupt und meint: »Das verstehst du nicht aufs erstemal, das muß ich dir ausdeutschen. Der Notar nämlich hat uns nicht verbriefen wollen, weil ich die teuren Gebühren nicht hab zahlen können. Jetzt haben wir's anders gemacht, der Hannes und ich. Nämlich mit drei Kreuzeln im Kalender, weil ein jeder schon das Schreiben verlernt hat auf unserer Höh.«

»Ja, Wölfel, wie kommst denn du dazu, daß du dem Hannes, deinem Knecht, den Hof verschreiben lassen willst?«

»Das kommt von der neuzeitlichen Wirtschaftsweise oder vom bargeldlosen Zahlungsverkehr, wie man alleweil liest im Wochenblattl. Wie ich dem Hannes den Lohn zwei Jahre lang nimmer hab zahlen können, hab ich zu ihm gesagt: ›Hannes, das mag ich nimmer. Meiner Lebtag bin ich niemand etwas schuldig geblieben. Ich laß dir jetzt den Hof zuschreiben. Nachher bist du der Herr und ich der Knecht.‹ Weil aber der Notar nit wollte wegen des Geldes, das ich nicht gehabt hab, haben wir einfach im Kalender drei Kreuzel gemacht, und der Hannes ist Bauer gewesen und ich der Knecht. Natürlich hat mir der Hannes den Lohn so wenig zahlen können wie ich ihm. Wie also die zwei Jährlein herum waren, sagt der Hannes zu mir: ›Wölfel, das mag ich nimmer. Meiner Lebtag bin ich niemand nichts schuldig geblieben. Ich schreib dir jetzt im Kalender den Hof wieder zu mit drei Kreuzeln. Nachher bist du wieder der Bauer und ich der Knecht.‹ Mir ist's recht, weil's ja gleich ist, ob ich dem Hannes oder der Hannes mir den Lohn schuldig bleibt. Zahlen kann ihn keiner, und so wechseln wir alle zwei Jahre ab; einmal ist der Hannes Bauer, einmal bin's ich. Jetzt ist die Reih wieder an mir. Jetzt bleib ich den Lohn wieder schuldig. Und das schönste dabei ist, daß einer dem anderen nichts vorwerfen kann, weil einer dem anderen alleweil gleich schuldig ist. Und auf die Weis sind wir alleweil quitt. Null von Null hebt sich auf.«

»Wölfel«, sage ich, mühsam das Auflachen verbeißend, »Ihr zwei, du und der Hannes, seid die klügsten Köpfe von der Welt. Ihr zwei habt das Allerweltsproblem auf die rechtschaffenste Weise gelöst. Wölfel, ich glaub, das nächste Mal wirst du Staatspräsident und dein Knecht Minister.«

Er war ein Lebenskünstler

Es gibt Menschen, zu denen man sich hingezogen fühlt wie der Blütenkelch zur Sonne oder wie das Eisen zum Magnet. Es sind das Lebenskünstler, die unbeschwert von wirklichen oder eingebildeten Sorgen, jedem Ding die beste Seite abzugewinnen wissen und sich über alles freuen können, selbst über Unglücksfälle, die andere in die Knie zwingen.

Solch ein Lebenskünstler war der Reitberger von Reitberg. Der freute sich über Himmel und Erde, über Menschen und Tiere, über Bäume und Steine, über Schnee und Eis, über Regen und Sonnenschein, über Vergangenheit und Gegenwart. Seine jauchzende Lebensbejahung war bei schwerster Arbeit nicht minder groß wie bei gemächlichster Sonntagsnachmittagsruhe. Er hatte ein herztiefes Wissen vom Ausgleich im Weltgeschehen, der die verzwicktesten Dinge wieder in die Waage bringt. Wenn andere verzweifelt die Hände rangen, hatte der Reitberger nur ein verwundertes Kopfschütteln: »Was nur die Leut haben! Unser Herrgott regiert die Welt noch alleweil. Was heut ein Unglück scheint, weist sich morgen als ein Glück aus, so hoch wie ein Kirchenturm.«

Als ihm die Inflation das ansehnliche Sparvermögen wegnahm, kniff er die Augen zu und sprach zu mir: »Bua, das Ding hat zwei ganz gute Seiten. Fürs erste gibt's nach meinem Ableben keinen Streit unter den Verwandten über die Hinterlassenschaft. Und der Frieden ist wirklich das Allerschönste auf der Welt, besonders unter Befreundeten und Dorfleuten. Fürs zweite hat es das Gute, daß ich wieder arbeiten muß wie in meinen jungen Jahren. Arbeiten darf, muß es richtig heißen. Denn die Arbeit, mein Lieber, vertreibt einem alle Mucken und Flausen und ist einem kerngesund für Leib und Seel. Oder gibt's etwas Traurigeres wie einen Menschen, der nimmer arbeiten darf?«

»Ich weiß nichts Traurigeres«, entgegnete ich.

»Die Arbeit«, fuhr der Reitberger weiter, »wenn die einmal verboten würde auf der Welt, du – das wär das größte Unglück, das man sich denken kann. Aber unser Herrgott sorgt schon dafür, daß es nicht soweit kommt. Und das wird gut sein, denn er selber werkt und plagt sich Tag und Nacht mit dem Weltregieren, mit Sonne, Mond und Sternen, daß sie nicht aus dem Geleise kommen.«

Wenn ihm die Leute über die »schlechten Zeiten« vorjammern, dann hatte der Reitberger ein Achselzucken: »Ich könnt nicht behaupten, daß die Zeiten gar so schlecht sind. Es könnt noch viel schlimmer sein. Aber bislang haben wir noch alles, was man zum Leben braucht, Leib und Seel, Essen und Trinken und eine Gesundheit wie der Bromberger Hiasl, der die Bäum mitsamt der Wurzel ausreißt. Wenn die guten Zeiten kommen, jammert ihr auch. O Leut, wissen möcht ich, wann bei euch der Verstand kommt.«

Im Vorjahr ist dem Reitberger die gesamte Hafenernte auf der Mahd verfault, so arg, daß er sie nicht einmal als Viehstreu verwenden konnte, sondern als Dünger einakkern mußte. Als ihm die Dörfler darüber ihr Bedauern aussprachen, hatte er eine geringschätzige Handbewegung: »Das kommt darauf an, wie man das Ding betrachtet, und wie ich es seh, muß ich sagen, daß mir der Himmel mit dem Unwetter einen rechten Gefallen getan hat. Fürs erste ist mir das Heimfahren des Hafers und das Düngen erspart geblieben, und fürs zweite müßt ich mir heuer den ganzen Hafer kaufen, den ich fürs Rößl brauch. Wie gut ist's also, daß mir das Rößl gestern auch verendet ist! Und die Hühner fressen den Weizen weit lieber wie den Hafer, und der Weizen ist mir heuer geraten wie noch nie. Also gleicht sich alles wunderschön aus.«

Vor Jahren hat dem Reitberger die Maul- und Klauenseuche einmal den ganzen Viehstand weggerafft, so daß ihm nicht ein Stück übrigblieb von mehr als zwanzig gehörnten Häuptern. »Diesmal«, so sagte man, »geht ihm der Rauch richtig in die Stube. Diesmal wird's ihm auch einen Jammerschrei auspressen.« Was war des Reitbergers Rede? »Ein schönes Unglück ist auch etwas Schönes, weil allemal ein Glück nachkommt. Und ein Rindviech, das die Sucht nicht aushält, ist's nicht wert, daß es im Stall steht.«

Vor kurzem flammte nach Altväterbrauch auf dem Reitberger Hausanger ein Strohsack auf. Die Reitbergerin hatte das Zeitliche gesegnet, und der Reitberger verbrannte dem Brauche gemäß das Bettstroh.

Aber auch dieser Schlag traf einen ungebeugten Mann.

Wie nämlich die Dörfler das Flammengeloder auf dem Hausanger bemerkten, strömten sie der Stätte zu, wo wieder einmal ein lieber Lebensgenosse das Erdenland verlassen hatte. Der Reitberger versorgte die Tote, wie es sich gehört, ohne mit einer Wimper zu zucken. Und als sie den Sarg aus dem Hause trugen, legte er zum letzten Abschied die Hand darauf und sprach: »Weib, ich sag dir fleißig Vergelt's Gott für alles Gute, was du mir getan hast.«

Als die Umstehenden in lautes Weinen ausbrachen, ließ sie der Reitberger verwundert an: »Was habt ihr denn? Vergönnt ihr doch das Glück! Sie ist jetzt im Himmel – und ich auch.«

Hernach wurde behauptet, der Reitberger hätte das Ableben seiner Eheliebsten als Erlösung empfunden wegen der Dreinredereien, die er über sich ergehen lassen mußte.

Wer aber den Reitberger wirklich gekannt hat, wie ich, der weiß, was er mit diesen Worten sagen wollte. Er war im Himmel, weil er ihn im Herzen trug. Er dürfte es auch jetzt sein; denn er hat seine wackere Lebensgefährtin nur ein paar Wochen überlebt, was eigentlich recht schade ist, aber beweist, daß er sehr an ihr gehangen hat.

Im Schmalzdobel

Leben und Sterben liegen im Wald genau so beisammen wie anderswo in der Welt auch.

Nur hat's, was den Schmalzdobel betrifft, den einen Unterschied: die sterben sollen, wollen nicht weg, und die leben sollen, wollen nicht her.

Im Auszugshäusl des Schmalzdoblers liegt die alte Ähndl in den letzten Zügen, dieweil in der Schlafkammer drinnen die Schmalzdoblerin in Erwartung des siebenten Buben sich in Wehen windet. Die Ähndl will nicht weg, und der Bub will nicht her.

Ist das ein Kreuz, krault sich der Schmalzdobler den wolligen Blondschopf, indem er bald bei der Ähndl im Auszugshäusl, bald bei der Bäuerin in der Schlafkammer nachschaut. Er macht aber deswegen in seiner angestammten schmalzdoblerischen Gelassenheit keinen Schritt länger und keinen kürzer. Denn das Wort Aufregung ist im weltentlegenen Schmalzdobel gänzlich unbekannt, auch wenn es um Leben und Sterben geht. Von Nerven weiß man überhaupt nichts an diesem waldbehüteten Örtlein.

»Was macht denn die Ähndl?« kümmert sich die Schmalzdoblerin trotz ihrer eigenen Not noch um die Sterbende.

»Haben sie schon versehen lassen«, ist des Schmalzdoblers Bescheid. »Aber sie mag halt nit weg, und wär schon Zeit dazu.«

»Holt ihr den Doktor!« stöhnt die Schmalzdoblerin.

»Was? Den Doktor?« begehrt der Schmalzdobler auf. »So ein altes Leut wird wohl auch ohne Doktor sterben können. Und die Kosten mußt auch bedenken, Bäuerin. Der Arzt ist imstand und schreibt mir zehn Markl auf, daß es nur so schnalzt.«

»Es ist nur wegen der Leut«, bescheidet die Bäuerin in ihrer stillen Art. »Nicht daß es heißt, die Ähndl hätt ohne Doktor versterben müssen. Das dürfen wir uns nicht nachsagen lassen. Das wäre eine ewige Schand für den Schmalzdobel. Und bei mir könnt er auch nachschauen, wenn er schon da ist; es geht nachher in einem hin . . .«

Drei Stunden später holpert der Kraftwagen des praktischen Arztes und Geburtshelfers Doktor Andreas Grillhösl über das Hofpflaster im Schmalzdobel.

»Brauchen dich nimmer, Doktor«, tut der Schmalzdobler, die Hände in den Hosensäcken, gelassen zwischen Tür und Angel. »Kannst gleich wieder umkehren mit deinem Schepperkasten. Denn die Ahndl ist grad gestorben, und der siebente Bub ist auch schon da.«

»Ist recht«, sagt der Doktor Grillhösl gickerlrot vor Zorn, »und das andere kriegen wir schon.«

Dieses andere kam in Gestalt einer Liquidation, eines Wortes also, das man im Schmalzdobel bisher weder gehört noch gelesen hatte. Über dieses Fremdwort regte sich der Schmalzdobler auch nicht weiter auf. Nur die Zahlen, die darunter standen, quittierte er mit einem grimmigen Lachen und einem derben Faustschlag auf die Tischplatte.

Hatte der »ausgeschämte« Doktor nicht achtzig Mark verlangt, und zwar vierzig Mark für die Ähndl, die nicht weg, und wieder vierzig Mark für den siebenten Buben, der nicht her wollte? Und für jedes hatte er die Kilometer eigens berechnet, als ob die Kilometer etwas nützten zum Leben oder Sterben.

»Gar nichts kriegt er, der Doktorbazi!« ist des Schmalzdoblers Bescheid. »Die Ahndl ist von selber gestorben, und der Bub ist auch von selber auf die Welt gekommen. Alsdann sind wir quitt, ich und der damische Doktor, und die achtzig Mark kann er sich in den Rauchfang schreiben!«

Sein Wüten und Widersprechen wider den Doktor hat

aber dem Schmalzdobler wenig geholfen. Denn der Doktor, der sich seinerseits im Recht wußte, wollte nach vergeblichen Mahnungen die Sache gerichtsmäßig machen, so daß dem eigensinnigen Schuldner noch weitere Kosten erwachsen wären.

In dieser peinlichen Lage bequemte sich der Schmalzdobler, der mit dem Gericht nichts zu tun haben wollte, endlich zu einem Zugeständnis, nämlich zur Lieferung eines Rehbocks an den hartnäckigen Doktor Grillhösl.

Der Rehbock kostete diesem nichts, denn er hatte seine Eigenjagd im Schmalzdobel, und jenem war mit dem Wildbret mehr geholfen als mit den achtzig Mark, die bei der damals besonders kraß einsetzenden Geldentwertung nichts mehr zu bedeuten hatten.

Also ward der Handel geschlossen, und beide Teile waren es zufrieden, besonders aber der Schmalzdobler, der nicht im Traum daran dachte, dem Doktor einen vollwertigen, ausgewachsenen Rehbock für nichts und wieder nichts, wie er immer noch glaubte, in die Küche zu liefern.

Zu eben jener Zeit war die uralte dürre Geiß der verstorbenen Ähndl dem Verenden nahe. Diese Geiß war gerade recht für einen Rehbraten auf des Doktors Tisch. Damit aber der den Braten nicht röche, gab der Spender dem zähen Ziegenfleisch wie zur Beglaubigung seiner Echtheit die Läufe eines richtigen Rehbocks bei.

Der nichtsahnende Doktor war's zufrieden und lud zu dem leckeren Mahle seine liebsten Freunde ein, darunter auch den Forstmeister. Dem war solch ein Wildbret nichts Seltenes, und er enthielt sich trotz aller Nötigungen des Doktors der lockenden, gutgebeizten Ziemer- und Schlegelstücke. Die anderen Gäste hieben dagegen drein wie die Drescher. Wie aber der Forstmeister, dem der Braten schon von Anfang an nicht recht geheuer erschienen war – denn ein Fachmann weiß hier Bescheid –, vollends noch hörte,

Fruth

daß das Wildbret vom Schmalzdobler als Gegenleistung für eine Doktorrechnung geliefert sei, da war er im Bilde, und er äußerte seine Meinung ganz unverhohlen: »Meine Herren, wie ich den Schmalzdobler kenne, hat euch der nicht einen Rehbock, sondern die alte Ähndlgeiß eingeschmuggelt. Diesen Tatbestand weist auch der anatomische Knochenbefund aus. Es sind typische Beiner einer alten Häuslgeiß. Aber schließlich ist auch ein Geißbraten nicht zu verachten, wenn er schmeckt ...«

Mit einem Fluch schnitt Doktor Grillhösl dem schadenfrohen Forstmeister das Wort ab und sann auf Rache wider den »Dickschädel« im Schmalzdobel.

So kam die Zeit heran, daß im Schmalzdobel wieder einmal eins nicht weg und ein anderes nicht her wollte auf diese schöne Welt.

Diesmal lag im Austragshäusl der Ähndl im Sterben, und in der Schlafkammer stöhnte die Schmalzdoblerin in Wehen wegen des achten Buben.

Der Schmalzdobler selber hatte einen Wehdam am kleinen Finger. Aber der kümmerte ihn so wenig wie das Leben und Sterben in seinem Hause. Er ging zwischen Schlafkammer und Ähndlstübchen gelassen hin und wider und machte keinen Schritt kürzer und keinen länger. Denn Aufregung ist für den Schmalzdobler ein Fremdwort.

Der Ähndl war rechtschaffen versehen und konnte getrost den Weg in die Ewigkeit antreten.

Wieder war es die Schmalzdoblerin, die, unbekümmert um die eigenen Nöte, die Anregung und den Ausschlag gab: »Bauer, laß den Doktor holen! Es ist wegen der Leut. Nicht daß es hernach heißt, wir hätten den Ähndl ohne Doktor sterben lassen.«

»Ist recht«, tut der Schmalzdobler mit einem Hintergedanken. Nämlich, der alte Ähndl hat ja auch so eine dürre Häuslgeiß, um die sich nach seinem Verscheiden keine Katze mehr kümmert. Tät wieder ein sauberes Wildbret werden für den Doktor Grillhösl.

»Ist recht«, wiederholt der Schmalzdobler. »Der Doktor muß her und gleich auf der Stell, nicht, daß er wieder zu spät kommt wie das letzte Mal. Kostet ja *ein* Geld, – oder eigentlich *eine* Geiß, die kein Schinder mag. Für den Doktor ist sie gut genug. Und wenn er schon da ist, kann er mir auch für meinen Fingerwehdam etwas geben.«

Drei Stunden später holpert der Schepperkasten des Doktors Andreas Grillhösl über das Hofpflaster im Schmalzdobel.

Der Schmalzdobler steht breitspurig unter der Tür, beide Hände in den Hosensäcken, und lacht gelassen: »Herr Doktor, der Ähndl ist grad gestorben, und der achte Bub ist auch schon da. Jetzt wenn ich nicht den Wehdam am kleinen Finger hätt, könntest wieder umkehren wie das letzte Mal.«

Der Doktor wird gickerlrot und läßt sich den wehen Finger zeigen. Diesmal, Schmalzdobler, denkt er sich, kriegst mich nimmer dran mit einer alten Häuslgeiß. Diesmal mach *ich* die Rechnung.

Das Ergebnis der Fingeruntersuchung ist für den Schmalzdobler vernichtend: »Mein lieber Mann, du hast den Fraß! Der Finger muß sofort abgeschnitten werden, sonst kostet es die ganze Hand, später auch den Arm und schließlich das Leben. Einen sizilianischen Wunderbalsam wenn ich hätt, könnt ich den Finger vielleicht so noch retten. Aber der Balsam kostet halt viel Geld, viel Geld.«

»Mir ist nichts zu viel, Herr Doktor«, jammert der Schmalzdobler, »wenn nur der Finger nicht hin ist!«

»Also gut«, läßt sich der Doktor auf den Handel ein. »Weil das Geld jetzt nichts wert ist, sagen wir halt zehn Pfund Butter, fünf Schilling Eier, zehn Pfund Geräuchertes, einen Hafen voll Schmalz und ein Holzfäßlein voll

Honig. Leider muß ich die Sachen gleich mitnehmen in meinem Wagen, sonst krieg ich den Balsam nicht.«

Der Schmalzdobler schafft das Gewünschte bereitwilligst herbei, der Doktor verstaut es im Wagen und kurbelt an.

Bevor er aber mit seiner Beute losfährt, ruft er dem Spender noch schadenfroh zu: »Jetzund, Schmalzdobler, sind wir quitt für die alte Häuslgeiß. Die andere, die jetzt der verstorbene Ähndl hinterlassen, kannst dem Schinder geben oder selber fressen. Ich hab genug von dem Zeug. Deinen wehen Finger aber magst mit Schweinsfett einreiben oder Wagenschmier, nachher ist er in drei Tagen heil und gesund wie voreh. Es fehlt dir weiter nichts.«

Damit poltert der Doktor über das Hofpflaster heimzu.

Der Schmalzdobler aber steht ganz entgeistert unter der Haustür, beide Hände in den Hosentaschen, und schaut dem Wagen des Doktors mit stieren Augen nach. Und wie er allmählich begreift, daß ihn diesmal ein Gescheiterer hereingelegt hat, ballen sich die Hände in seinen Hosentaschen zu Fäusten, indem er einen unwiderruflichen Entschluß kundgibt: »Das weiß ich jetzt gewiß, daß mir kein Doktor mehr in den Schmalzdobel kommt. Der neunte Bub muß ohne Doktor her!«

Wie die Wilden busseln

Diesmal hat es sich gut getroffen, und die Geschichte kann man lassen, wie sie ist.

Nämlich der Voitlbauer Sepperl von Schlauham hat auf München müssen zum Oktoberfest mit einer Ausstellungskuh, wo man baumfest behauptet hat, wenn die den ersten Preis nicht kriegt, nachher fallen die Frauentürme um. Aber die Frauentürme sind brav stehen geblieben, denn es hat schon seine Richtigkeit gehabt mit dem ersten Preis und einem Lorbeerkranz neben einem seidenen Fahnl, und alle Glocken haben geläutet, wie der Voitlbauer Sepperl mit seiner Preiskuh eingezogen ist in Schlauham.

Der Burschenverein mit dem Kobrater (das ist ein Kaplan-Kooperator) an der Spitze ist Spalier gestanden und manche Jünglingsbrust war vor Stolz und Hoffnung geschwellt. Vor Stolz, weil halt der Sepperl ein so wackeres Vereinsmitglied war, und vor Hoffnung, weil sich der Sepperl nicht lumpen ließ. Wenigstens hat er früher behauptet: Buam, den ersten Preis wenn ich krieg, nachher leg ich ein Faßl auf beim nächsten Vereinsabend.

Und jetzt war es so weit. Das Faßl war in greifbare Nähe gerückt, und der Kobrater hielt als Vereinspräses eine schneidige Ansprache an den Heimgekehrten mit der prämierten Preiskuh, indem er der berechtigten Erwartung Ausdruck gab, der also Gefeierte würde am nächsten Vereinsabend zum Faßl Bier auch einen Vortrag zum besten geben über seine Erfahrungen und Eindrücke bei der großen Tierschau in der Landeshauptstadt, auf daß auch seine Vereinsbrüder, wie überhaupt die allgemeine Öffentlichkeit, einen Nutzen davon hätte.

»Jawoi – Viecher mit Haxen«, sagte der Gefeierte mit Nachdruck, und man konnte im Zweifel sein, ob er damit seine Vereinsbrüder oder die Leute in der Landeshauptstadt meinte. Sein Auge aber schweifte halb verlegen, halb verwegen dorthin, wo das Brennhofer Linerl stand und ganz geschämig die Ehrungen mitgenoß, die dem prämierten Preiskuhführer in so reicher Fülle zuflossen.

»Jawoi«, sagte der Sepperl wieder in einem Entschluß, den der Anblick des Brennhofer Linerl in ihm gereift hatte, »der Vortrag wird gehalten, Herr Präses, aber nicht über die einheimischen oder auswärtigen Viecher mit Haxen, sondern über die Sitten und Bräuch bei den Wilden, indem daß ich in der wilden Völkerschau gewesen bin am Oktoberfest und da sieht man allerhand. Und einen Vortrag hab ich auch gehört von einem Weltreisenden.«

»Das wird ja großartig«, triumphiert der Kobrater als Vereinspräses. »Zu dem Vortrag werden wir die ganze Pfarrei einladen, auf daß wir unserer Vereinskasse wieder von der galoppierenden Schwindsucht helfen.«

»Alsdann«, sagt der Voitlbauer Sepperl zum Kobrater als seinem Vereinspräses, »es hat schon seine Richtigkeit mit meinem Vortrag über die fremden Sitten und Bräuch bei den Wilden. Wenn Sie erlauben, werd ich mich auf die Grußformen beschränken, und das andere vielleicht in einem weiteren Vortrag behandeln. Denn das ganze Thema würde natürlich zu weit führen.«

»Sehr gut! Einverstanden!« ist's dem Präses recht. »Also im ersten Vortrag die Grußformen bei den Kannibalen und so weiter.«

»Jawohl! Aber eine Bedingnis müßt ich halt stellen, indem ich eine Partnerin haben müßt, wo ich die Grußformen vorführ. Wissen S' mir keine, Herr Präses?«

»Nun, wie wär's denn mit dem Brennhofer Linerl?«

Dem Sepperl schlegelt das Herz bis zur großen Zehe hinunter. Aber er faßt sich schnell und meint beherzt: »Die tut's gerade. Alsdann am Sonntagnachmittag nach der Vesper im Wirtssaal. Schau'n Sie nur, Herr Präses, daß der Vorhang gut funktioniert. Nicht, daß wir eine Blamaschi kriegen wie neulich die Feuerwehr, wo der Vorhang nimmer aufgegangen ist.«

Der Brennhofer, der sein Linerl hütet wie ein wilder Drach' seinen Goldschatz, schaut zwar groß und klein, wie ihm der Kobrater wegen der Mitwirkung auf der Bühne kommt, aber es ist ihm doch ein Stolz und eine Ehre, daß die Wahl gerade auf sein Linerl gefallen ist, und er sagt freudig zu. Und überhaupts, was kann da viel passieren, wo doch der Vortrag vor aller Öffentlichkeit spielt, vor allen Vereinen und vor der ganzen Pfarrei? Auf dem Tanzboden tät er dem Voitlbauer Sepperl auf keinen Schritt nicht trauen, und so viel ihm schwant, brennt sein Linerl auch für den Burschen, denn so oft die Red auf ihn kommt, wird sie rot wie ein Nagerlstock oder weiß wie ein Topfenkäs.

»Herr Dekan«, sagt der Kobrater als Vereinspräses, »dieses Mal dürfen Sie mir fein keinen Korb geben, denn diesmal handelt es sich um etwas ganz Neues, was man nicht alle Tage sieht oder vielmehr hört, nämlich um die Grußformen bei den Kannibalen und so weiter, vorgeführt von Josef Voitlbauer und Karoline Brennhofer. Also hoffe ich bestimmt, daß Ihr Ehrenplatz am Sonntag nach der Vesper nicht verwaist sein wird. Eintritt zahlen Sie natürlich keinen, aber der Mildtätigkeit sind keine Schranken gesetzt, überhaupt wo wir so notwendig ein neues Bundesbanner brauchen könnten.«

Der Wirtssaal am Sonntagnachmittag nach der Vesper ist voll Leut, voran die Veteranen und die Feuerwehr, und ganz vorn auf seinem Ehrenplatz der Herr Dekan.

Im Saale herrscht äußerste Spannung, wie der Vorhang hochgeht und auf der Bühne der Voitlbauer Sepperl seine Verneigung macht und einleitend sein heutiges Thema ankündigt. Das Brennhofer Linerl steht mitten auf der Bühne wie ein Myrtenstöcklein oder ein Maisegen, und dem Vater schwillt das Herz vor Stolz im Leibe über eine solche Tochter. Schier wollen ihm ein paar bewegte Freudenzähren die Wimpern feuchten, aber er kommt nicht mehr dazu, denn der Sepperl droben beginnt schon seine Vorführungen über die Grußformen bei den Wilden, wo sein Linerl als Probierperson droben steht.

»Sehen Sie, meine werten Herrschaften«, sagt der Vortragende in seinem hochdeutschen Vereinston, »dieses ist der Gruß bei den Menschenfressern in Afrika. Diese Wilden reiben die Nasen gegeneinander, genau so, wie ich es jetzt vormache.«

Dieses Nasenreiben, praktisch vorgeführt am lebenden Modell, ist sehr unterhaltlich, so daß sich im Saale laute Heiterkeit verbreitet. Aber dem Brennhofer kommt es schier übermäßig lang vor, weil halt dieses lebende Modell sein Linerl ist, und auf dem Tanzboden tät er ein solches Nasenreiben überhaupt nicht gedulden.

»Die Buschmänner und Botokuden oder Hottentotten«, sagt der Vortragende auf der Bühne, »haben wieder eine andere Grußform. Die patschen mit den Handflächen gegeneinander, dreimal schön im Takt.«

Was wahr ist, muß wahr sein – der Voitlbauer Sepperl macht seine Sache ausgezeichnet, nicht minder aber auch seine geschämige Partnerin.

Die sämtlichen wilden Völkerschaften der Welt kommen daran, schön der Reihe nach: die Indianer, die Mongolen, die Tataren, die Chinesen, die Perser, die Tibetaner, die Kirgisen – und alle haben umständliche und unterschiedliche Grußformen, die uns gebildete Europäer zum Lachen reizen. Kein Wunder also, wenn jetzt nach beendigtem Vortrag der Vorhang niedergeht und ein Beifallssturm über die Bänke braust, daß sogar der Herr Dekan einige Male in die Hände patscht.

Dies ist für den Kobrater Anlaß genug, den Vorhang noch einmal hochzuziehen, auf daß sich die Geehrten beim Herrn Dekan eigens bedanken möchten für den gespendeten Beifall.

Also, der Vorhang geht hoch, und auf der Bühne zeigt sich ein Bild von wundersamem Reiz, das den Beifallssturm von neuem entfesselt: Sepperl und Linerl liegen sich in den Armen und busseln sich endlos ab. Sie sind so vertieft und weltversunken, daß sie gar nicht merken, daß der Vorhang hochgegangen ist.

Sogar der Herr Dekan biegt sich vor Vergnügen. Nur der Brennhofer schwingt in einem fort seinen Hakelstekken und schleudert Worte der Wut gegen die Bühne.

Ja, wenn nur der Vorhang wieder niederginge! Aber der Kobrater bringt es nicht fertig – es ist eine ähnliche Blamaschi wie neulich bei der Feuerwehr. Also springt er selber rasch auf die Bühne und klärt auf. Und die Not wird wieder einmal zur Tugend:

»Meine sehr verehrten Herrschaften«, ruft er in den jubelnden Tumult, »das ist noch eine Dreingabe zum heutigen Vortrag, nämlich die Vorführung der altbayerischen Grußform . . .«

Seine Worte ersticken in einem gurgelnden Orkan.

Der Kuhkauf

Der Bomeisl Blasi hat das Elterngütl übernommen und sehnt sich in seiner Einschicht nach einer richtigen Bäuerin, die ihm das Haus herhält und das Jungvieh in den Ställen betreut wie weiland seine verstorbene Mutter. An sich selber denkt der Blasi kaum. In den Wirtshäusern auf den Tanzböden, wo sich das junge Gevölk sonst zu finden pflegt, weiß er so wenig Bescheid wie der Kaiser von China auf seinem Heuboden. Zwar in der Feierweile manchmal denkt der Blasi doch auch ein wenig an Stasi. Das wär ein Weibsbild wie gewunschen auf das Bomeislgütl. Groß und stark, schier wie ein Mannsbild ist die Stasi, und Hände hat sie wie ein Hufschmied; die könnt die Arbeit herpakken. Unsauber ist sie auch nicht; ja dem Blasi gibt es immer einen Riß, wenn er das Weiberleut erblickt.

Sollte das etwa gar die Liebe sein, von der der Blasi in schönen Kalendergeschichten schon gelesen hat? Wie man das Ding heißt, ist dem Blasi gleich. Nur das weiß er, daß er keine lieber als Jungbäuerin auf dem Bomeislhöfl sähe als die Steinrucker Stasi. Aber wie die Geschichte anpakken, daß sie Hand und Fuß hat?

In solchem Sinnen stapft er eben vom Wiesenräumen heim, und sein Blick schweift öfters als sonst in die Hänge hinüber, wo das Steinrucker Höfl bei uralten Nußbäumen steht. So tief ist er in seine Gedanken versunken, daß er den alten Veitlweber Steffl auf dem schmalen Gangsteig beinahe über den Haufen gerannt hätte, wenn dieser nicht rechtzeitig ausgewichen wäre.

»I sag's ja«, meint der Steffl, »stürmisch bist, Blasi, wie schon ein richtiger Hochzeiter. Na ja, es ist schon an der Zeit, daß wieder eine Bäuerin auf's Höfl kommt. Wann ist denn nachher die Hochzeit schon?«

»Ich?« dehnt der Blasi heraus, der sich in seinem Sinnen ertappt sieht. Und deshalb kommt ihm der Veitlweber Steffl gerade recht, denn das ist ein Mensch, der Bescheid weiß, schier wie ein Advokat, und dem man gerade in Heiratssachen ein Anliegen vortragen kann, gerade weil der Steffl ein alter Junggeselle ist, der kein neugierig fragendes Weib daheim hat. Noch dazu war der Steffl ein Hausfreund seines verstorbenen Vaters.

»Ich mein, ich hab's erraten«, mutmaßt der Steffl. »Und wenn die Geschichte etwa noch einen Haken hätt, nachher kann man ja helfen. Also heraus mit der Sprache!«

»Da müssen wir uns niedersitzen«, sagt der Blasl in seiner langsamen Weis und läßt sich neben dem Steffl auf eine Steinplatte nieder, die gerade am Weg liegt.

»Also hast eine im Sinn? Ich mein alleweil, sie heißt Stasi«, sagt der Steffl gerade heraus und weist mit dem Hakkenstiel auf die Steinrucker Hänge hinüber.

Dem Blasi schießt das Blut in die Wangen, und verlegen meint er: »Soweit hast schon recht, Steffl, aber jetzt sollt man halt wissen, ob die andere auch Bomeislin werden will. Wie pack ich denn die Geschichte an, daß ich die Hochzeiterin herkrieg auf mein Höfl? Sie weiß ja noch nichts, daß ich ein Aug hab auf sie.«

»Wenn's weiter nichts ist«, erwidert der Steffl ruhig, »dann ist leicht geholfen. Du mußt es halt der Stasi sagen, wie's um dich liegt, und dem Steinrucker als ihrem Vater auch. Aber natürlich nicht mit der Tür ins Haus fallen, versteht sich. Wie's halt Brauch ist bei so Sachen. Hast nicht eine scheckige Kuh im Stall?«

»Ja, eine solche habe ich.«

»Und der Steinrucker hat auch eine. Ich hab's gestern erst gesehen, und wie mir scheint, wär das ein wunderschöner Zusammenstand, deine Scheckin und dem Steinrucker die seine. Solche Heiratsgeschichten gehen allemal mit einem Kuhhandel an, und nachher gibt ein Wort das andere. Also, schau bald zu, denn mir scheint, um dem Steinrucker seine Scheckin geht's genauso an, wie um seine Stasi.«

»Wenn das Ding so ist, nachher geh ich am g'scheitesten gleich«, meint der Blasi.

»Auch recht«, sagt der Steffl schmunzelnd, »aber mit der Tür nicht ins Haus fallen. Die Hauptsach ist zuerst der Kuhhandel. Das andere gibt sich nachher schon. Ich bleib derweil da und wart auf dich. Und sag nur einen schönen Gruß an den Steinrucker, ich hätt dir die Scheckin geraten, wegen dem schönen Zusammenstand.«

Der Blasi nickt nur noch und hastet schon den Steinruckhängen zu. Bis in einer halben Stunde, rechnet der Steffl, kann der Brautfrager mit dem Bescheid zurück sein. Derweilen macht der sich wieder an die Arbeit und lichtet das Gestrüpp mit seiner Haselhacke am Gangsteig. Manchmal schaut er von seiner Arbeit auf, ob der Blasi nicht schon erscheint und was er für ein Gesicht macht. Fehlen kann sich nichts, denn der Steffl hat schon ohne Vorwissen Blasis, nur im Hinblick auf die Freundschaft mit seinem verstorbenen Vater, mit dem Steinrucker über die Sache gesprochen. Weder der, noch die Stasi sind dem Bomeisl und seinem Höfl abgeneigt, und das Jawort ist so gut wie sicher.

Wie wundert sich aber der Steffl, als Blasi nach zwei Stunden angerückt kommt und zwar – mit der Kuh!

»Die hätten wir derweilen«, ruft er dem Steffl schon von weitem zu, »aber einen Kampf hat's gekostet; um keinen Preis haben sie dies schöne Stückl herlassen wollen, aber ich hab nicht nachgegeben, und her hat sie müssen!

Der Steffl verbeißt das Lachen und lobt: »Brav, Blasi, brav! Und was ist's nachher mit der Hochzeiterin?«

»Nicht mit der Tür ins Haus fallen, hast du selber gesagt. Und da hat sich derweilen noch keine Rede geschickt mit der Stasi. Hat auch gar keine Zeit dazu gegeben mit lauter Kuhhandel. Und wie ich die Scheckin da gehabt hab, ist die Stasi in die Stube hinein und hat mich steh'n lassen mit der Kuh.«

»Das wär der Augenblick gewesen«, sagt der Steffl, »wo du mit der Stasi wegen deiner Heiratsabsicht hättest reden sollen. Denn deswegen ist ja die Stasi in die Stube hinein, weil man so etwas nicht im Stall ausmacht, sondern in der Stube, unter vier Augen, zuerst mit dem Weibsbild und nachher mit dem Vater und der Mutter. Eine Hochzeiterin ist doch kein Stückl Vieh!«

»Dies Kuhvieh kauf ich und red mir die Lunge beinahe heraus dabei«, stotterte der Blasi ganz betroffen, »und die Hochzeiterin lasse ich hinten.«

»Hintennach hilft das Jammern nichts«, stellt der Steffl fest. »Müssen wir halt schauen, wie wir die Sache wieder einrenken. Hoffen wir das Beste. Und weil man das Eisen schmieden muß, solange es warm ist, will ich jetzt mit dir hinüber zum Steinrucker. Also führ die Kuh jetzt heim, bind's an im Stall und komm gleich wieder mit dem Geld und im Feiertagsklüftl. Nachher wollen wir zur Stasi hinüber und schauen, ob wir noch Glück haben werden.«

Ein Stündl später stapft der Steffl mit dem Blasi über den Steinrucker Hausgang. Diesmal fängt der Steffl zu jammern an, daß halt die Scheckin gar nicht frißt vor lauter Heimweh im Bomeisl-Stall.

»Nachher nehmen wir halt die Scheckin wieder heim«, meint die Stasi, »dieweil uns der Handel schon gereut hat. Und auch ist sie noch nicht bezahlt.«

»Nicht so, Stasi«, bittet der Steffl und legt ihr die Hand begütigend auf den Arm. »Die Scheckin ist schon recht und wegen der Kuh ist's auch gar nicht, sondern wegen ihrem Heimweh. Und da meinte ich halt, es wäre viel gescheiter, wenn du zu der Kuh kämst statt die Kuh zu dir. Und der da« – er deutet auf den schüchtern dasitzenden Blasi – »meint's auch so. Er hat halt den Kuhhandel etwas ungeschickt angepackt, wie halt einer, der auf der Einschicht aufwächst und von den Welthändeln nichts versteht. Laß dir raten, Stasi! Der Blasi braucht eine Bäuerin. Also schau, daß du deiner Scheckin bald nachkommst, damit ihr das Heimweh vergeht, und dann ist's auch wegen dem schönen Zusammenstand zwischen dir und dem Blasi.«

»Hat denn der nicht selber einen Mund?« fragt die Stasi frisch.

»Im Stall schon, aber in der Stube nicht«, meint der Steffl. »Denn wenn er in der Stube bei den Weibsbildern auch so tüchtig wär wie bei den Kühen im Stall, dann hätt er wohl eine junge Bomeislin daheim. Ich rat dir gut, Stasi.«

»Bring einen Krug Most und ein Trumm Geselchtes«, schafft jetzt der Steinrucker an die Stasi hin. Und damit ist das Spiel gewonnen.

Wenige Monate später zog die Stasi als Jungbäuerin auf das Bomeislhöfl und beendet das Heimweh der Scheckin aus dem Steinrucker-Stall.

Der Amsterdamer

Der Boden bindet. Wo du geboren bist und deine erste Jugend verbracht hast, wo deine Väter lebten und starben, dahin zieht's dich mit schmerzlicher Gewalt, wenn du fern bist. Heimweh!

Wenn du aber daheim bist und von Bergeshöhe über die schweigenden Wälder Ausschau hältst in die blauen Fernen, dann wird ein Wünschen nach den Wundern der Ferne in dir wach, bis du auf einmal dein Bündel schnürst, um dein Weh zu stillen.

So ist es damals auch dem Hieselhiesenbuben gegangen. Wie oft ist er beim Ochsenhüten im sommerstillen Bergwald von Wolfhartsschlag auf den Hochstein gestiegen und hat sein Herzenstürlein der gleißenden Ferne weit aufgetan, bis er nicht mehr anders konnte als wandern. Weil es damals noch keine Eisenbahnen gab, hat der Hiesel den weiten Weg zu Fuß machen müssen. Der Hiesel ist nur immer der Sonne nachgegangen und hat sich gewundert, daß es immer wieder eine Ferne gab. Eines Tages aber hat er große Augen gemacht: da ist die Sonne nicht hinter einem Wald oder Berg zur Rüste gegangen, sondern in ein großes Wasser gesunken, auf dem viele Schiffe mit großen Segeln hin und her fuhren.

Auf ein solches Schiff hat sich der Hiesel verdingt, weil sein Wanderpfennig aufgezehrt war. So fuhr er viele Wochen, bis er in Amerika war, wo der Wanderbursch aus dem Böhmerwald das Gehen auf festem Boden erst wieder lernen mußte.

Da ging auch die Sonne wieder über Wäldern auf und über Heiden unter, die sich der Hiesel für einen Batzen Geldes kaufte, viele tausend Tagwerk ungerodeten Bodens.

Nun ging es über ein Roden und Reuten wie daheim in

Wolfhartsschlag, und der Hiesel hatte keine Zeit mehr zum Heimweh.

Viele Jahre wußte man auf dem Hiesenhieselhof nichts mehr vom fernen Heimgenossen, bis eines Tages Kunde von ihm kam: eine Kiste mit seltsamen Steinen und Perlen, mit Meermuscheln und fremdem Kriegerschmuck. Von da an schickte der Hiesel alljährlich um die Weihnachtszeit Brief und Gabenkiste aus Amerika in die alte Heimat. So ging es viele Jahre lang.

Auf dem Hof hauste schon der Brudersohn, wieder ein Hiesel, nach altem Brauch. Da blieben Briefe und Gaben aus. Der Hofhund heulte eine Nacht lang ohne Ursache die Haustür an, und weil in derselben Nacht auch die Wanduhr stehenblieb, obwohl sie frisch aufgezogen war, so wußten sie auf dem Hiesenhieselhof, daß der Vetter in Amerika gestorben war und sich daheim noch angemeldet hatte. Sie gedachten des Toten mit einer Seelenmesse und einem Denkmal an der Hauswand bei der Hoflinde, wo die Totenbretter der Hausgesessenen seit Väterszeiten stehen.

Viele Jahre hat man vom Hiesel in Amerika nichts mehr erfahren. Da hat der junge Hieselbauer eines Tages eine Vorladung aufs Landgericht nach Bärnstein bekommen, und der Landrichter hat ihm erklärt, daß ihm der Vetter in Amerika so viel Geld vermacht hatte, daß er sich ein ganzes Landgericht und noch ein paar Bauerndörfer dazu kaufen könnte. Das Geld liegt aber in Pittsburg, das ist eine Stadt in Amerika, und der Hieselbauer muß es mit dem Ausweis, den ihm der Landrichter einhändigt, selbst holen.

»Wie weit wird's wohl sein bis auf Pittsburg?« fragte der junge Hieselbauer, der über sein Dörfl noch kaum hinausgekommen war.

»Wohl hunderttausendmal so weit wie von Wolfhartsschlag nach Grafenau«, sagt der Landrichter.

»Das ist wohl elend weit«, meint der Hiesel. »Aber das Geld kann ich nicht hint lassen, und wenn ich über das große Wasser muß!«

»Das wirst wohl müssen, Hieselbauer«, erwidert der Landrichter, »denn dieses Pittsburg liegt mitten in Amerika.«

»Auweh, auweh! Und wie geht denn der Weg nach Pittsburg, Gnaden Herr Landrichter?«

»Bis Regensburg wirst wohl zu Fuß gehen müssen. Von dort kannst einen Stellwagen erwischen, weil ja der Thurn und Taxis die Post erfunden hat, wo das Reisen viel schneller geht wie in früheren Zeiten. Von Regensburg wirst über Frankfurt nach Amsterdam müssen. Das ist der Hafen am großen Wasser, wo alle drei, vier Wochen ein Schiff nach Amerika geht, wo du aufsitzen kannst.«

»Amsterdam, Amsterdam«, sagt der Hieselbauer. »Das Wörtl muß ich mir merken, damit ich nicht irr geh, denn das Geld kann ich nicht hint lassen!«

»Geh nur mit Gott, Hieselbauer, und komm gesund wieder! Dann bist du ein gemachter Mann!«

Auch die Hieselbäuerin, sein Weib, sagt, daß man die Erbschaft nicht liegen lassen darf, schon wegen der Kinder und auch des Vetters wegen, weil man dann für sein Seelenheil mehr Messen lesen lassen kann wie so mit den notigen Bauernkreuzern. Und Pittsburg wird nicht aus der Welt liegen. Schau, einen Gugelhupf back ich dir für die Fahrt, mit Rosinen und Zibeben, weil uns das Geld gewiß ist, und die halbe Sau tu ich dir aus dem Rauchfang, daß du was zum Essen hast und keine Zeitlang kriegst. Und das Hafergeld nimmst dir mit, und wenn's nicht reicht, leiht dir der Bräu in Klingenbrunn noch tausend Gulden dazu, damit dir nichts abgeht auf der Reise. Neunmalhunderttausend Gulden hat uns der Vetter vermacht. Herr, gib ihm die ewige Ruhe!«

»Amsterdam, Amsterdam«, sagt der Hieselbauer, damit er das Wörtl nicht vergißt, und rüstet sich zur Reise, wie ihn sein Weib geheißen.

In den Walddörfern hat sich die Kunde von der großen amerikanischen Erbschaft der Hiesenhieselleute mit Windeseile verbreitet. Neid und Neugier kommen und fragen, ob es wahr sei mit den neunmalhunderttausend Gulden, oder ob man falsch gehört habe. Denn für so viel Geld konnte man hundert schöne Bauernhöfe kaufen, und mancher Waldbub schwor sich, einst auch nach Amerika zu gehen und so reich zu werden wie der Hiesel, der sein Hab und Gut einst in einem Sacktüchl aus dem Dorf getragen hatte. Die Hieselbäuerin kennt sich nicht mehr aus vor Glück.

Der Hieselbauer aber ist schon unterwegs nach Amerika. Den großen Gugelhupf mit den Rosinen und Zibeben, wie auch die halbe Selchsau hat er im Rückenranzen, das Hafergeld und die tausend Gulden vom Klingenbrunner Bräu trägt er in der Geldkatze um den Leib. Wenn tausend Gulden schon so schwer sind, wieviel mögen dann neunmalhunderttausend Gulden wiegen? Und wie wird er den Haufen Geld aus Amerika nach Wolfhartsschlag bringen?

Kommt Zeit, kommt Rat.

Einstweilen heißt es fleißig nach dem Weg nach Regensburg fragen, damit er ihn nicht verfehlt und den gelben Postwagen des Thurn und Taxis erwischt, von dem ihm Gnaden der Herr Landrichter erzählt hat.

Wohl drückt die Selchsau im Rückenranzen auf das keimende Heimweh im Herzen, wohl zieht ihn die Geldkatze erdenwärts, aber der Gedanke an die neunmalhunderttausend Gulden reißt ihn immer wieder hoch und beflügelt seine Schritte dem gelobten Lande Amerika zu.

Endlich hat sich der Hieselbauer richtig bis Regensburg

durchgefragt. Dort erkundigt er sich gleich nach dem Postmeister. Aber wie ihn dieser fragt, wohin er will, fällt ihm das Amsterdam nicht mehr ein. Vor lauter Sinnieren hat er den Namen der alten Seestadt ganz und gar vergessen. Wie heißt sie wieder? Amselfing? Zametram? Hamsterwanst?

Kurz und gut: das Wort liegt dem Hieselbauer noch auf der Zunge, aber es will nicht mehr heraus. Und weil der Postmeister den Wagen schon voller Fahrgäste hat, läßt er den Hieselbauern nicht eben höflich an: »Scher er sich derweilen zum Kuckuck, bis ihm das rechte Wort einfällt! Und wenn er mir wieder so daherkommt wie heute, dann übergebe ich ihn dem Profosen!«

Dem Bäuerlein aus dem Böhmerwald ist's ganz recht, daß ihm der kitzgelbe Postwagen mit dem blaubefrackten Herrn Schwager vor der Nase wegfährt, Amsterdam zu. Hei! Jetzt fällt ihm das Wort ein, hundertmal sagt er's vor sich her, dem staubwirbelnden Stellwagen nach, so daß die Regensburger Stadtbuben schon hinter ihm dreinspotten:

»Das ist der Amsterdamer, Amsterdamer, Amsterdamer!«

Es hat schon so sein wollen, sonst wär's nicht passiert, tröstet sich der Hieselbauer und schleppt Selchsau und Geldkatze wieder heimwärts, Wolfhartsschlag zu.

»Vater, Vater!« jubeln die Kinder, wie der Hieselbauer daheim über die Schwelle tritt. »Weil du nur wieder da bist! Wir haben soviel Zeitlang nach dir gehabt, und gefürchtet haben wir uns auch bei der Nacht!«

»Kommst du schon von Pittsburg?« fragt die Hieselbäuerin. »Und wo sind die neunmalhunderttausend Gulden, damit wir dem Bräu in Klingenbrunn das Seine wiedergeben können?«

»In Pittsburg bin ich noch nicht gewesen, liebes Weib«,

sagt der Amsterdamer, »aber in Regensburg. Und weil dort der Postwagen gerade abgegangen ist, habe ich diesmal nicht mitfahren können auf Amsterdam. Aber das nächstemal kann ich gewiß mit, sagt der Postmeister. Und drum bin ich jetzt wieder heim, ich will sehen, ob ihr noch alle gesund seid, damit ich das andere Mal ruhig reisen kann. Jetzt grüß euch Gott alle miteinander, Mutter, Micherl, Hieserl, Sepperl, Reserl, Hanserl, Annemirl und dich auch, du kleines Butziwackerl in der Wiegen!«

»Hint lassen dürfen wir die neunmalhunderttausend Gulden nicht, weil die ganze Welt schon drum weiß, es gäb ein rechtes Leutgeschwätz«, meint die Bäuerin.

»Wahr ist's!« sagt der Hieselbauer. »Ja, und was ich noch sagen will: erinnere mich öfter an Amsterdam, das Wörtl vergißt man so leicht!«

Es täte nicht not, daß ihn die Bäuerin an das Wort erinnerte. Aus allen Dorfgassen schallt es ihm von Bubenzungen entgegen wie selbigesmal in Regensburg: »Amsterdamer! Amsterdamer! Amsterdamer!«

Die Lausbuben sind überall gleich.

Nach der Ernte macht sich der Hieselbauer das zweitemal auf den Weg und diesmal erreicht er in Regensburg richtig den Postwagen. Es geht gleich dahin durch fremde Gegenden, immer weiter weg von der Heimat, durch Städte und Märkte, alle paar Stunden gibt es Pferdewechsel, damit die Reisenden nicht aufgehalten sind. So geht es Tag und Nacht dahin, bis sie in Frankfurt sind. Da hört der Postweg auf, und die Reisenden, die nach Amsterdam wollen, müssen in ein Schiff auf dem Mainstrom, das in den Rhein und von da ins Meer geht.

Wie der Hieselbauer das viele Wasser sieht, wird ihm ganz zweierlei. Sein Leben ist ihm schier lieber als eine ungewisse Wasserfahrt nach Amsterdam und Pittsburg um die gewissen neunmalhunderttausend Gulden. Auch ist die

Stadt so groß und fremd, daß ihm ganz weh wird nach daheim. Kein Mensch versteht ihn wie der blaubefrackte Regensburger Schwager, und es wäre ihm schier am liebsten, wenn ihn dieser für ein Trinkgeld und gute Worte wieder mitnähme an den Donaustrand, wo die grünen Waldberge ragen. Auch ist der Winter nicht mehr weit, und wer weiß, ob sie dann übers Meer fahren können und ob er nicht bis Georgi in Amsterdam sitzen und dem Klingenbrunner Bräu sein Geld unnützerweise verblasen muß. Vielleicht ist es richtiger, wenn er wieder umkehrt und dann nächstes Jahr im Frühling dazuschaut.

Gott sei Dank, der Schwager läßt mit sich reden und nimmt den Hieselbauer mit bis Regensburg gegen ein kleines Trinkgeld und ein großes Trumm von der Selchsau.

Endlich steigen die Waldberge wieder vor ihm auf, wo er daheim ist. Heim, heim, heim, fiebert jede Faser.

Vierzehn Tage ist der Hieselbauer diesmal aus gewesen.

»O Vaterl, Vaterl, wir haben schon geweint, weil du gar so lange ausgewesen bist. Aber jetzt darfst du nimmer fortgehen!« sagen die Kinder.

»Weil du nur da bist, Mann«, grüßt die Bäuerin. »Es ist nichts, wenn kein Herr im Haus ist. Aber diesmal hast du die neunmalhunderttausend Gulden gewiß, weil du so lange ausgeblieben bist!«

»Beinahe«, sagte der Amsterdamer, »beinahe hätte ich sie diesmal. Wenn der Winter nicht gekommen wär, wo das Meer zugefroren ist, daß man nicht über das große Wasser kann, weil kein Schiff mehr geht. Wenn das jetzt nicht gekommen wär, bei Gott, Mariandl, so wollt ich dir jetzt neunmalhunderttausend Gulden auf den Tisch legen. Aber so kann ich nichts dafür! Es hat schon so sein wollen, daß ich vor dem Winter noch heimkomme und nicht in Amsterdam sitzen muß, bis das Meer abeist. So grüß euch Gott alle beieinander, Mutter und Kinder und dich, du herziges Butziwackerl in der Wiegen! Wie steht's im Stall? Ist der Flachs schon im Brechhaus, damit ich im Frühjahr bei Zeiten dazuschauen kann? Dann komm ich gewiß wieder gesund hin und her und bringe euch die neunmalhunderttausend Gulden von Pittsburg herüber, so wahr ich Hiesel heiße!«

»Amsterdamer! Amsterdamer!« höhnen die Wolfhartsschlager Gassenbuben vor dem Hause. Aber der Heimgekehrte hört es nicht vor Glück und Behagen des Geborgenseins im Heimatschoß.

Im Frühjahr mahnte Marianndl, die Hieselbäuerin: »Wie wär's, wenn du bald nach den neunmalhunderttausend Gulden ausschauen tätest?«

»In Gottes Namen«, sagt der Hiesenhiesel. »Hint lassen tun wir sie nicht! Übermorgen fahr ich!«

Und der Bauer hielt Wort. Diesmal wagte er sich in Frankfurt sogar auf das Mainschiff, mit dem er bis Köln hinabfuhr, wo ihm der Regensburger Schwager an einen bayerischen Landsmann empfohlen hatte, der dem Landfremden in allen Stücken an die Hand gehen wollte, wie auch geschehen. Mit seiner Hilfe kam der Hieselbauer auch glücklich bis nach Amsterdam.

Als er aber dort das Meer sah, prallte er zurück und tat einen heiligen Schwur: »Nie und nimmer! Da sei Gott davor, daß ich Leib und Leben auf dieses Wasser gebe! Da kommt keiner lebendig davon. Was würde aus meinen armen Waislein werden, wenn der Vater in dieses Wellengrab sänke? Lieber lasse ich die neunmalhunderttausend Gulden hinten, als daß ich mich frevelnd in ein solches Wagnis begebe!«

Sprach's und ging vom Hafen weg in die Herberge. Wie er so nachsann, was er seiner Marianndl sagen wollte, damit sie ihm seine Umkehr nicht verübeln konnte, kam vom Hafen her Menschengeschiebe und Menschengeschrei, gerade an der Herberge vorüber.

Daß ein entsetzliches Unglück geschehen sein mußte, erkannte der Waldbauer an den wehvollen Gesichtern, wenn er auch die Sprache der Schreienden nicht verstand. Der Herbergswirt, der auch gut Bayerisch konnte, deutschte ihm die Notrufe der Volksmenge aus:

»Die Amerika ist untergegangen, mit Maus und Mann vernichtet.«

Der Einzige in Amsterdam, der sich über das Unglück freute, war der Hiesenhieselbauer von Wolfhartsschlag im Böhmerwald. Denn diese Nachricht enthob ihn der Fahrt über das große Wasser nach Pittsburg und aller damit verbundenen Gefahren. Daß die untergegangene Amerika ein Schiff war und nicht das Land selbst, von dem es den Namen trug, wie konnte das der Hiesenhieselbauer wissen! Es kümmerte ihn auch nicht weiter, denn nun ging es wieder heimzu, und das war ihm die Hauptsache.

Wenn Amerika ins Meer versunken war, dann lag auch Pittsburg auf dem nassen Grunde und die neunmalhunderttausend Gulden, die der Vetter gottselig den Hiesenhieselleuten vermacht hatte.

Zur Hebung der Erbschaft hatte es also Zeit, bis Amerika etwa wieder einmal aus dem großen Wasser emportauchte und von einem neuen Christophorus Columbus entdeckt würde.

Fünf Wochen war der Amsterdamer diesmal unterwegs gewesen. Als er am Pfingstsamstag heimkam und zum drittenmal keine Erbschaft vorweisen konnte, überkam das Marianndl, sein Weib, zur Wiedersehensfreud eine große Traurigkeit, weil ja jetzt die ganze Erbschaft hin war.

Aber der Hiesenhiesel wußte zu trösten: »Danke Gott, o Weib! Schau wie leicht hätte auch ich mit dem Geld hin sein können, wenn ich schon in Pittsburg gewesen wäre. Und dann ist auch noch nicht aller Tage Abend: Schau, das Land Amerika kann sich wieder einmal heben, geradesogut, wie es versunken ist. Und dann können wir das Erbgut alleweil noch holen, weil wir ja den Erbschaftsbrief haben. Aufgeschoben ist nicht aufgehoben. Und dem Klingenbrunner Bräu können wir ja die tausend Gulden wieder geben, weil das Hafergeld gelangt hat bis Amsterdam. So hat niemand einen Schaden von der Reise. Auch bin ich ein weitgereister Mann. Bin weiter herumgekommen wie der Landrichter oder der Poschinger von der Frauenau und kann noch Kindern und Kindeskindern erzählen, wie's draußen zugeht in der Welt.

Aber das muß ich sagen: am allerbesten gefällt's mir daheim bei dir, Mutter, und den Kindern. So grüß euch Gott alle miteinander, und du, mein kleines Butziwackerl in der Wiegen, wenn du einmal groß bist, dann darfst du mit mir über Amsterdam nach Pittsburg, damit wir das Geld abholen vom Vetter gottselig, wenn sich das Land Amerika bis dahin wieder aus dem großen Wasser gehoben hat. Und vom nächsten Hafergeld bauen wir eine Kapelle vor dem Bergwald, wo das Hirtenbrünnlein aus dem Gestein sprudelt, weil der Vater wieder glücklich daheim ist und wieder rechtschaffene Erdäpfel essen kann und keine Krumbirn mehr wie im alten Frankfurt da draußen.«

»Amsterdamer! Amsterdamer!« höhnen die Gassenbuben vor den Stubenfenstern, aber die Hiesenhieselleute hören den Spott nicht im Jubel und Trubel des Wiedersehens.

Es tut auch nichts, daß dem Waldbauern der Spottname bleibt, weil das Glück der Heimat größer ist als alle Reichtümer der Welt. Der Hiesenhieselhof steht heute noch, und das Geschlecht des Amsterdamers blüht immer noch darauf mit festen Buben und blondgeschämigen Dirnlein. Und wenn ein Hoferbe einmal Zeit und Lust hat, dann wird er wohl nach Pittsburg fahren, weil es heute viel schneller geht wie damals mit Stellwagen und Segelschiff, und das Erbe des Vetters antreten. Neunmalhunderttausend Gulden!

Hätte der Amsterdamer das Geld damals geholt, vom Hiesenhieselhof stünde heute kein Stein mehr auf dem andern. Denn wo das Geld ist, ist der Teufel, und das ist ein alter Niederreißer und Verwüster.

Und vielleicht ist der vergilbte Erbschaftsbrief hinter der Wanduhr in der schwarzbalkigen Hiesenhieselstube besser als die baren neunmalhunderttausend Gulden, die der Amsterdamer »hinten gelassen« hat.

Der Vetter aus Amerika hat so auch seinen Jahrtag und sein schlichtes Denkmal unter der Hoflinde bekommen, wo die Sterbemale der Hausgenossen stehen und den Hof behüten für und für.

Der Waldmann Michl und die Weltgeschichte

Der Waldmann Michl kam uns wie ein aufgescheuchter Auerhahn aus dem Urwald in die Werkstatt geplodert, setzte sich auf einen Holzklotz und entnahm seinem unförmigen Rucksack einen noch unförmigeren Keil Brot, um ihn in aller Gemächlichkeit zu verzehren.

In den Vesperpausen gab er uns getreuen Bescheid über Zweck und Ziel seines Aufbruchs aus den Waldhäusern: »Ja, Leut, denkt euch nur, heut muß ich noch über die Donau hinüber. Ist ja der Pfarrervetter gestorben – Gott hab ihn selig – und wir hätten nicht einmal etwas gewußt davon, wenn nicht jetzt die Geschrift vom Gericht gekommen wär, nämlich daß ich im Testament bedacht bin und daß ich mir meinen Erbteil holen soll in dem Pfarrhöfl enterhalb der Donau.«

»Ja, Michl – da gibt's ja Gerstl! Etwa gar ein paar Tausender! Brauchen könntest du sie, und vergönnt sind sie dir auch. Jetzt so ein Glück! Macht der Michl eine Erbschaft!«

»Mit dem Gerstl wird's nichts, das weiß ich von eh«, wehrt der Waldmann mit weiten Schwüngen seiner backmuldengroßen Hände ab. »Wißt, weil der Pfarrervetter – Gott hab ihn selig – selber nie einen übrigen Kreuzer gehabt hat. Alles hat er den armen Leuten angehängt mit seinem guten Herzen, und meiner Mutter ihre Schwester selig, die ihm den Haushalt geführt hat, hat oft nicht gewußt, was sie kochen soll, weil er radiputz das letzte Ei, die letzte Handvoll Mehl, den letzten Heller verpulvert hat für die Handwerksburschen und Landstreicher. Aber irgend etwas wird schon abfallen, etwa ein Paar Stiefel oder so was, was unsereins auch gut brauchen kann, und drum tu ich jetzt hinüber über die Donau. Hintlassen will ich den Erbteil auf gar keinen Fall, denn man kann nie wissen, was sich da noch alles schickt und überhaupt... Übermorgen um die Zeit bin ich wieder da. Nachher sehen wir's schon, wo der Fleck auf dem Loch sitzt. So, jetzt behüt euch!«

Der Waldmann Michl nahm seinen unförmigen Rucksack wieder auf und schwenkte über den Schwendhübel hinaus den fernen Gefilden an der Donau zu.

Zur bestimmten Stunde sahen wir ihn auf dem gleichen Wege wieder heimziehen, aber nicht mehr aufrecht und munter wie bei seinem Auszug, sondern gebückt und keuchend wie unter einer Riesenlast, die teils in seinem Rucksack verstaut war, teils mit Kaiblstricken gebunden an dessen Seiten baumelte.

Bei uns in der Werkstatt warf er die Erbschaft mit sachtem Schwung in einen Haufen Sägspäne. Seine Blicke hingen groß und fragend an mir: Was soll das? Ist's der Mühe wert, daß ich das Zeugs da heimtrage?

Ich machte mich über den Rucksack her und stellte fest: »O Michl – so ein Glück! So was wär schon längst mein Wunsch gewesen! Das ist die berühmte Weltgeschichte von Adam und Eva bis auf den heutigen Tag. Sechsunddreißig schwere Bände Weltgeschichte! Da steht alles drinnen, was sich in aller Herren Ländern je begeben hat. Da wirst Augen machen, Michl!«

»Nachher ist's mir schon recht«, sprach der befriedigt. »Nit daß ich umsonst enterhalb der Donau gewesen bin. Werd ich halt an den Feiertägen die Weltgeschichte lesen. Bin nit schlecht neugierig, was sich da alles begeben hat.«

Der Michl nahm seine Last wieder auf und stapfte auf dem Gangsteig über die Hochöde hin den Waldhäusern zu, die Weltgeschichte auf dem Buckel, teils im Rucksack verstaut, teils mit Kaiblstricken gebunden an dessen Seiten baumelnd.

Ich war sehr gespannt, wie sich die Weltgeschichte beim Waldmann Michl auswirken würde, aber ich hatte nicht mehr Zeit, meine Beobachtungen an Ort und Stelle zu machen, denn ich mußte wieder fort ins Studium in die Passauerstadt. Aber ich verlor die Angelegenheit keineswegs aus dem Auge. An Sonntagen dachte ich auch an den Waldmann Michl: jetzt sitzt er halt wieder über seiner Weltgeschichte, und abends wird er beim Wirt mit seinen neuen Kenntnissen auftrumpfen. Und die Waldkerle werden Augen, Ohren und Münder aufreißen, was der Michl alles weiß von der Weltgeschichte. Sechsunddreißig Bände Weltgeschichte, die wollen gelesen und erzählt sein.

Meine erste Wanderung in den nächsten Ferien war zum Waldmann Michl in die Waldhäuser wegen der Weltgeschichte.

Ich traf den Michl nicht zuhause, aber dafür seine Frau, die brave Waldmannin, verweint und mit einer schlecht verbundenen Beule am Kopf.

Mir schwante nichts Gutes. Ich ahnte Zusammenhänge mit der Weltgeschichte.

Die brave Waldmannin fuhr mit ihrer Schürze über meinen Stuhl und sprach: »O Bua, sitz dich nieder und laß dir sagen! Die Weltgeschicht, o die Weltgeschicht! Stocknarrisch hat sie meinen guten Michl gemacht mit lauter der Schlechtigkeit, wo da drin steht. Alle Augenblick hat er ein anderes Trumm zusammengeschlagen vor lauter Wut über die Schlechtigkeiten, wo in der Weltgeschicht drin stehen, in den Wirtshäusern hat er die Leut angepackt, mich und die Kinder haut er her wie ein Schaub Stroh, wenn er grad wieder in der Wut ist über die Schlechtigkeiten in der Weltgeschicht – da schau her, auf den Binkel da! Den hab ich zwegen dem Karl dem Großen, wie er die viertausend Sachsen hingemordet hat. Und nachher reut's ihn allemal so viel, wenn er zugedroschen hat und wenn er wieder aus der Wut ist. Ja, Bua, der Pfarrervetter – Gott hab ihn selig – hat uns etwas angetan mit der Weltgeschicht. Oh, es wird ihm wohl nit schaden jetzt in der Ewigkeit.«

An solche Auswirkungen der Weltgeschichte hatte ich keineswegs gedacht.

»Waldmannin«, sagte ich, »da kann man ja abhelfen. Ich kaufe die Weltgeschichte – und alles Übel ist aus.«

Ich hoffte das weltberühmte Werk für wenig Geld in meinen Besitz zu bringen. Auf der Gegenseite, wo es so viel Unheil angerichtet hatte mit den beschriebenen Schlechtigkeiten, würde man gewiß froh sein, es auf so einfache Weise los zu werden.

»Wär schon recht«, gab die Waldmannin auf mein Anerbieten Bescheid, »aber es ist halt schon zu spät. Und es ist auch besser so. Heut in aller Früh ist er schon fort mit der Weltgeschichte, auf dem Schubkarren hat er sie fortgeradelt, die sechsunddreißig Bände, in den Wald hinaus zum Kohlenmeiler. Aber vorher hat er sie mit der Hacke noch derhaut in seiner Wut über alle Schlechtigkeiten . . .«

Ich wollte retten, was noch zu retten war, und rannte dem Michl nach in den Wald zum Kohlenmeiler.

Aber ich kam schon zu spät. Das Werk der Vernichtung war bereits geschehen.

»So«, sprach der Michl, »jetzt haben wir's, die Weltgeschicht. Jetzt ist die Luft wieder rein. Jetzund bin ich wieder ein Mensch. Die Welt und der Wald passen nicht zusammen. Wenn ich wieder einmal eine Weltgeschichte erbe, nachher sag ich . . .«

Was der Waldmann Michl da sagte, behalte ich für mich. Es war so kräftig und derb, daß es mich streckterlängs in den weichen Moosboden warf. Mit diesem urbajuwarischen Ausspruch verloderte die letzte Wut des Waldmann Michl über die Weltgeschichte und was drum und dran gewesen. Aus! Schluß!

Der schwarze Schimmel

Der Voitlbauer gehört zu den hofgesessenen Bauern, die gern eine ausgiebige, ungestörte Brotzeit machen, besonders nach der Erntezeit, wenn der Körper ausgepreßt ist wie eine Zitrone und nach Labsal verlangt. Nach der Erntezeit sucht sich der Voitlbauer als ausgelernter Brotzeitmacher allemal Gelegenheiten, von zuhause loszukommen, um in irgendeinem Bräustüberl seiner altvererbten Fleischeslust zu frönen. Schon vorher umgaukeln ihn immer die Wunschbilder von lockenden Leberkäslaiben, prunkvollen Preßsäcken, schwerwiegenden Schwartenmägen, saftigen Kalbshaxen und vollfetten Käsen. Darüber prangt als Gloriole ein Kranz geräucherter Knackwürste.

Das ständige Nudelzeug daheim hat der Voitlbauer schon gründlich satt – und morgen wird in Roidham Roßmarkt sein! In Roidham aber gibt's ein Bierstüberl und im Bierstüberl einen Erkertisch, wo die Wunschbilder des Voitlbauern nach einer ungestörten, ausgiebigen Brotzeit zur nahrhaften Wirklichkeit werden sollen.

Sagt also der Voitlbauer mit bewundernswerter Entschlußkraft zur Voitlbäuerin: »Die Liesl muß weg, das Mistvieh, das mistige!«

»Was für eine Liesl? Die Stalldirn?«

»Wer sagt denn von der Stalldirn? Unser Laufrößl mein ich, den Häuter, den elendigen. Wir können uns beim Kirchenfahren schon nimmer sehen lassen damit. Und überhaupts sind die Schimmel nicht mehr modern – ich möcht wieder einmal ein Rapperl haben, Alte, ein aufgeschweiftes. Hättest gewiß auch deine Freud damit. Und morgen wär in Roidham Roßmarkt. Wenn ich beizeiten fortfahr, bin ich beizeiten wieder daheim. Richt mir nur gleich einen Pfeffer her, damit ich das alte Luder richtig aufschwänzen

kann, und mir steckst einen Keil Brot und ein Rankerl Geselchtes in die Rocktaschen, weil der Brotlzeug auf den Roßmärkten allemal gar so teuer ist. Hausen muß man heutingstags, daß man alles recht machen kann, und wenn ich einen guten Handel mach, kann leicht ein Hunderter oder zwei gewonnen sein. So viel wird wohl bleiben, daß für dich ein neuer Wintermantel herausspringt. Tut dir so not wie dem Bettelmann ein Stückl Hausbrot. Hast mich, Alte?«

Mit der Aussicht auf einen neuen Wintermantel hat der Voitlbauer jeden Widerstand der Voitlbäuerin entwaffnet, jede Widerrede im Keime erstickt. Sie richtet ihm den Pfeffer her für das Roßaufschwanzen und steckt ihm einen extra saftigen Rauchfleischranken in die Rocktasche, einen vom Schlegel.

»Weil's so ist«, nützt der Voitlbauer die gute Stunde, »wenn man der erste ist am Markt, bringt man seinen Häuter auch zuerst an. Und am Anfang sind die Preise allemal hoch. Einkaufen aber muß man erst am Schluß, da kriegst das schönste Rapperl um ein Spottgeld. Wenn ein bißerl ein Glück dabei ist, können dreihundert Märklein gewonnen sein wie nichts . . .«

Was ein ausgelernter Brotzeitmacher ist wie der Voitlbauer, dem schmeckt's auch schon unterwegs und vor Tag und Tau. Der Ranken Geräuchertes wird auf der morgenstillen Fahrt zum Roßmarkt immer geringer und kurz vor der berühmten Hofmark Roidham ist er schon den Weg des Irdischen gegangen. Der Voitlbauer ist aber in die künftigen Genüsse im Bierstüberl schon so vertieft, daß er beinahe vergessen hätte, seinem Schimmelhäuter den anfeuernden Pfeffer unter den Schwanz zu blasen, der dem windigsten Racker die Rasse eines edlen Renners verleiht. Im letzten Augenblicke aber denkt er doch noch daran und vollzieht das Werk des Pfefferblasens mit einer Fertigkeit, die dem gewiegtesten Roßtäuscher Ehre gemacht hätte.

Kaum ist er damit fertig, biegt von einem Seitensträßlein her schon ein Roßhändler ein. Den schneidigen Schimmel sehen, um den Preis fragen, Handeinschlagen ist eins. Der Handel ist gemacht, der Voitlbauer ist den Schimmel los um ein Geld, das er sich nie hätte träumen lassen. Dreihundert Märklein scheinen so gewiß gewonnen wie nichts – und eine Brotzeit dazu, wie im Bierstüberl noch keine aufgetragen worden ist.

Da sitzt nun der Voitlbauer ungestört am Erkertisch, von wo man den ganzen Markt übersieht, der sich allmählich belebt, und läßt seine Wunschbilder Wirklichkeit werden, schön der Reihe nach, wie er sie geträumt: zuerst einen lockenden Leberkäs, dann einen prunkvollen Preßsack, dann einen schwerwiegenden Schwartenmagen, weiterhin eine saftige, knusperlbraune Kalbshaxe, eine schöne Portion vollfetten Käse und zum Schluß ein Kranz geräucherter Knackwürste. Zwischen die einzelnen Gänge legt der Voitlbauer, nicht damit er als Vielfraß verschrieen wird, Kunstpausen, in denen er das Genossene jeweils mit einer Maß Bier begießt. Denn zu einem richtigen Brotlzeug, so denkt sich der Voitlbauer, gehört auch ein edles Naß.

Der Voitlbauer fühlt sich wie im Himmel. Wie von einem Thronsitz aus überschaut er an seinem erhöhten Erkertisch das Gewühle auf dem Roßmarkt einerseits, das Gewurle in der Gaststube andrerseits. Tut sich die Tür auf und eine Stimme ruft zum Voitlbauer, der gerade bei der Kalbshaxe sitzt: »Bist es, oder bist es nicht?«

Der Brennhofer ist's, dem Voitlbauer sein liebster Spezl vom Weltkrieg her! Zehn Jahr haben sie sich nimmer gesehen, die zwei Hauptspezln, und da läßt sich's denken, daß da das Prosittrinken und Brotzeitmachen erst recht losgegangen ist bei den zweien.

So vergeht die Zeit mit Prosittrinken und Brotzeitmachen. Der Marktplatz ist schon leer, und aus dem Bierstüberl schwankt der letzte Marktgänger.

Fällt's dem Voitlbauer heiß aufs Herz: »Leibspezl, der Markt ist aus – und ich hab noch keinen Rappen!«

»Bringst halt deiner Alten den Affen heim«, rät der Brennhofer. »Morgen wird ein Kater draus. Nachher hat sie zwei Viecher auf einmal.«

Aber der Voitlbauer ist im Augenblick nüchtern. Ein Rapperl muß her, und wenn's die halbe Welt kostet. Aber da auf dem ganzen Markt keiner mehr aufzutreiben ist, erbarmt sich der Brennhofer seines Spezls und tritt ihm den Rappen ab, den er selber erst heute auf dem Markt erstanden hat. Der Voitlbauer ist froh, obwohl das Vieh um hundert Märklein mehr kostet als die am frühen Morgen verkaufte Liesl. Von einem Wintermantel aus dem erhofften Gewinn ist keine Rede mehr. Kommt Zeit, kommt Rat, tröstet sich der Voitlbauer und trabt gemächlich heimzu.

»Schau, Alte«, ruft er seiner wartenden Bäuerin schon von weitem zu, »ist das nicht ein feines Rapperl? Da werden die Leut spitzen, wenn wir am Sonntag mit dem Laufwägerl in die Kirche preschen . . .«

»Und was ist's nachher mit dem Wintermantel?«

»Das kriegen wir schon – hernach in der Stuben. Jetzt muß ich erst den Rappen versorgen. Hitzenblitz heißt er, daß du's weißt . . . Ist das nicht ein feiner Nam für ein edles Rennroß?«

»Fast so fein wie dein Saurausch«, schnappt die Voitlbäuerin, aber der Voitlbauer überhört den Vorwurf vornehm und beginnt seinem edlen Rappen den Schweiß mit einem Strohwisch abzureiben. Und siehe da, der Rappe wird immer heller und weißer, und zum Schluß steht ein Schimmel da, akkurat wie die Liesl, und der Schimmel wiehert lustig auf und trabt durch die Stalltür auf seinen gewohnten Stand.

»Das ist ja ein weißer Rapp!« wundert sich die Voitlbäuerin.

»Oder ein schwarzer Schimmel«, der Voitlbauer.

»Unsere Liesl ist's, du Depp, du damischer! Die haben sie dir schwarz angestrichen und als Rappen verkauft. Jetzt – marsch, in die Stuben, damit wir ungestört weiterreden können. Was für einem Bazi bist du denn da wieder auf den Leim gegangen in deinem Saurausch? Den Wintermantel, mein ich, hab ich schon getragen. Nun ja, das weitere wird sich ja in der Stube herausstellen. Marsch, vorwärts ...«

Kleinlaut, wie aus allen Wolken gefallen, trollt sich der Voitlbauer in die Stube. Jetzt so eine Lumperei! Haben ihm die Lumpen seine Liesl mit Kohlruß angestrichen – und er hat sie als Rappen gekauft und das gute Geld eingebüßt.

Die Augenzeugen versichern glaubhaft, daß die Voitlbäuerin ihrem Eheherrn eine bajuwarische Standrede gehalten hat, mit Besenstiel und Putzlumpen, die an Wucht und Wirksamkeit einer bajuwarischen Brotzeit in nichts nachstand. Und aufgepfeffert war sie auch wie die Liesl, der schwarze Schimmel, an diesem unvergeßlichen Roidhamer Roßmarkt.

Der Hurnaus und seine neue Hose

Der Hurnaus, ein wohlhäbiger Hofbauer, hat sich auf dem Volksfest in Haselberg eine neue Werktagshose gekauft, und zwar eine manchesterne, prima Vorkriegsware, wie ihm der Krämer unwiderruflich versicherte. Da die Hose die Augen-, Daumen- und Faltenprobe glänzend besteht, kauft der Hurnaus sie stehenden Fußes.

Daß sie ihm um gutding einen Bauernschuh zu lang ist, macht ihm weiter nichts aus, denn kürzer machen läßt sie sich alleweil. Wozu hat er denn vier gewachsene Weiberleut zu Hause? Zu Hause feuert er also die neue Manchesterhose auf den Schragen beim Eßtisch und gibt entsprechenden Kürzungsbefehl: »Morgen in aller Früh muß ich die Hose haben zum Mühlfahren. Da wird der Müller spitzen, wenn er meine Manchesterne sieht. Also richtig kürzen, daß der Laden stimmt! Gute Nacht!«

Die Hurnausin hängt die neue Hose ordentlich über eine Stuhllehne und holt gleich eine alte vom Herdgestänge, wo sie zum Trocknen hängt. Nachher mißt sie mit dem Bandmaß und seufzt: »Wo hat er denn wieder hingeschaut, der Lalli? Da fehlt's ja gleich um zwölf Zentimeter. Die reinste Riesengoliathhose! Erst geh ich noch auf einen Sprung zur Nachbarin hinüber und schau mir ihren neuen Küchenherd an. Die Hose da kann leicht ein Stünderl oder zwei warten.«

Den gleichen Gedanken haben ihre Töchter, die Kathl und die Urschl. Sie rumpeln gleich hinter der Mutter zum Haus hinaus auf einen Plausch in der Nachbarschaft.

Wie die Stube leer ist, humpelt die alte Großmutter zum Tisch, langt sich die neue Hose her und kürzt sie um die beschriebenen zwölf Zentimeter ein. Nachher hängt sie die Hose wieder fein säuberlich über den Stuhl und hatscht zum Schlafen in ihr Austragsstüberl.

Wie nachher die Hurnausin nach gutding zwei Stunden heimkommt und die neue Hose hängen sieht macht sie sich auch gleich mit Bandmaß, Schere, Nadel und Zwirn ans Werk: »Gefehlt wär's, wenn der Vater morgen früh seine verkürzte Hose nicht hätt. Da tät er ja tremmeln, daß man's das ganze Dorf aushört. Mir gangst!« Sie kürzt also die »Riesengoliathhose« um die erwähnten Zwölf Zentimeter ein, hängt sie ordentlich über den Stuhl und geht nachher zu ihrem Hurnaus in die Schlafkammer. Eine gute Weile später kommt auch die Kathl von ihrem Nachbarplausch mit dem Knonbauer, ihrem Hochzeiter, zurück.

»Da hängt ja die Hose noch«, lacht sie lustig auf. »Die muß ich gleich um zwölf Zentimeter einkürzen, sonst ist dem Land der Boden aus, wenn der Vater morgen seine Hose nicht hat beim Mühlfahren. Den Krach möcht ich nicht hören!« So tut sie, wie bereits Großmutter und Mutter getan haben, und hängt die Hose wieder über den Stuhl, damit sie der Vater morgen früh gleich zur Hand hat.

Wie dann auch des Hurnaus Jüngste, die Urschl, vom Übungsabend ihres Trachtenvereins nach Hause kommt und die Hose hängen sieht, ist ihr erster Gedanke: »Das haut! Heut muß ich ohnedies Ferkelpassen, was so langweilig ist, daß einer Sau grausen möcht. Da hab ich den schönsten Zeitvertreib mit der Hose.« Sie nimmt die Hose mit in den Stall und kürzt sie dort um weitere zwölf Zentimeter ein.

Wie der Hurnaus am nächsten Morgen die Hose anprobiert, die um viermal zwölf Zentimeter verkürzt ist – sie reicht ihm kaum bis zu den Knien –, da tut er einen Schrei, daß alle Hausinsassen zusammeneilen: »Was für ein Rindvieh hat mir denn die neue Hose eingekürzt? Je länger die Haar, desto kürzer der Verstand! Eine Henne hat mehr Hirn wie ein Weiberleut!«

Wie sich dann herausstellt, daß jede seiner vier Weiblichkeiten die Hose um das vorgeschriebene Maß eingekürzt hat, da feuert der Hurnaus das verpfuschte Machwerk wortlos unter den Tisch.

Die Sache hat dann dennoch einen guten Ausgang genommen. Der Vater hat sich eine neue Manchesterhose gekauft, aber eine, die ihm gleich paßte, so daß er sie auch dem Müller vorführen konnte.

Aus dem verpfuschten Machwerk des viermal verkürzten Kleidungsstückes hat die Kathl eine wunderbare Trachtenjoppe für ihren zukünftigen Hochzeiter angefertigt.

Der grimmgeladene Hurnaus blinzelt verstohlen hin und verzieht dabei das Maul, daß ihm ja kein Lacher auskommt. Das könnte er wirklich nicht verantworten, wenigstens nicht vor seinen Weiberleuten, die ihm diese Hose so gründlich verpfuscht haben.

Und so was nennt sich eine Schreibmaschine

Im bayerischen Wald steht die Pemperlmühle in wildromantischer Lage am rauschenden Waldbach nebst einer kleinen Pemperlsäge.

Der sie betreut und betreibt, ist der Pemperlmüller, mein alter Freund, der einst im Kampfe lag mit den großen Buchstaben. Er hat sie nie gelernt, obwohl ich mir als sein Freund die größte Mühe gab, ihm wenigstens die Anfangsbuchstaben seines Namens groß geschrieben beizubringen. Es gelang einfach nicht. Seine damals schon klobigen Bubenfinger versagten ihm den Dienst, und so schrieb er auch seinen Namen klein, aber dafür um so kräftiger und markiger.

Und doch hat es das Schicksal gefügt, daß der Name des Pemperlmüller heute ganz groß geschrieben wird. Und das kam so:

Bis von jenseits der bayerischen Landesgrenzen her fanden die Scharen der Hamsterer in den Hungerjahren nach dem zweiten Weltkrieg den Weg zur Pemperlmühle. Sie hinterließen dem Pemperlmüller gegen manchen Sack Mehl fünf Nähmaschinen, dreißig Bügeleisen, Tausende von Drahtstiften und zehntausend Rasierklingen. Alles wertbeständige Tauschware!

»Der Pemperlmüller macht sich!« staunten die Waldleute. »Gar jetzt, wo das Holz so hoch im Preis steht. Sogar mit zwei Anhängern kommen die Lastzüge und reißen ihm die Bretterstapel von seiner Pemperlsäge weg. Der schwimmt jetzt im Geld, obwohl er nicht einmal seinen Namen richtig schreiben kann!«

So suchte ich ihn nach langer Zeit selber wieder auf in seiner alten Pemperlmühle, wie ich meinte. Aber da stand jetzt eine neumodische Kunstmühle, und das Wohnhaus war aufgestockt wie ein Herrensitz.

»Da schaust!« klopfte mir der Pemperlmüller auf die Schulter. »Ja, mir geht es jetzt prima! Sogar ein Bankkonto hab ich schon. Und eine Buchführung hab ich auch, eine doppelte sogar. Eine für mich und eine fürs Finanzamt. Die muß ich dir zeigen.«

Er führte mich in die Sägkammer. Da hatte er, wie einst die alten Babylonier auf Ziegelsteinen, seine Einnahmen und Ausgaben mit einem derben Zimmermannsstift auf Bretterabfällen keilschriftartig verzeichnet. Der Stapel links enthielt die Buchführung für das Finanzamt, der Stapel rechts seine eigene.

»Alles wär recht«, stöhnte er, »wenn nur die verflixte Schreiberei nicht wäre. Da möchte man ja hintersinnig werden mit lauter Schreiben!«

»Schaff dir doch eine Schreibmaschine an, dann hat alle Not ein Ende!«

»Ja, schreibt denn die Schreibmaschine auch die großen Buchstaben?«

»Aber selbstverständlich!«

Da ging ein erlöstes Lächeln über die mannhaften Züge des alten Freundes.

»Du«, sagte er, »bestelle mir eine Schreibmaschine in Passau. Und laß sie mir per Nachnahme schicken. Kostenpunkt Nebensache.«

Ich ließ dem Pemperlmüller eine Schreibmaschine schikken, eine noble, um mehr als sechshundert Mark.

Na, denk ich, jetzt kann er wenigstens auch seinen Namen einmal mit großen Buchstaben schreiben!

Nach vierzehn Tagen erhielt ich vom Pemperlmüller einen Brief, aber nicht mit der Schreibmaschine, sondern höchst eigenhändig und mit kleinen Buchstaben geschrieben, wie er's in der Schule gelernt hat: »liber freind! du sauhund! nichts für ungut! du hast mich schön ausgeschmiert

mit der schreibmaschine! ich habe sie gleich an die kraftleitung angeschlossen, aber sie hat weder einen großen noch einen kleinen buchstaben von sich gegeben. das luder schreibt überhaupt nicht! und so was nennt sich eine schreibmaschine! nichts für ungut! es hat mich nämlich der gerechte zorn überwältigt. ich habe den mühlschlegel genommen und das blecherne luder in tausend trümmer zerdeppert. nichts für ungut! die trümmer habe ich in den mühltümpel geworfen. also nichts für ungut! es grüßt dich freundlichst bis aufs nächste wiedersehen alois mutz, pemperlmüller in pemperlmühle.«

Das Kleinod an der Uhrkette

So weiß ich den Strahberger schon mehr als vierzig Jahr, wie er baumfest unter der Kirchenlinde steht und seinen angestammten Platz behauptet, die Beine mächtig gespreizt, die Hände fest in den Hosentaschen, die Rockflügel zurückgeschlagen, daß man über der blumigen Samtweste die altväterliche Uhrkette mit verschiedenem Zierat daran sieht, als da sind: ein daumenlanger Eberzahn, ein silbernes Rößl, ein Frauentaler, ein paar Guldenstückl und –

»Ja, Strahberger«, sag ich, »seit wann hast du denn das andere da an der Uhrketten?«

»Bua, da schaugst! Ja, mein Lieber, das ist ein Kleinod, laß dir sagen, ein Wertstück, hat mich über hundert Markl gekostet. Alsdann laß dir sagen, weil wir eh einen Weg haben heimzu, kann ich dir die ganze Geschichte haargenau erzählen. Wie mir das dritte Weib gestorben ist – ich bin schon ein gestandener Siebziger gewesen, laß dir sagen – da kimmt auf einmal der Waldhaus Hansei daher und sagt:

›Strahberger‹, sagte er, ›laß dir sagen, ich wüßte dir eine Hochzeiterin, eine herrenmäßige, wie es sich für einen Herrenbauer gehört. Ist früher eine Herrschaftsköchin gewesen, und nachher hat sie einen Buchhalter geheiratet in der Glashütten. Seit einem Jahr ist sie Witwe, akkurat wie du‹, sagt der Waldhaus Hansei weiter, ›und eine Pension hat sie auch vom Glasherrn, daß ihr in lauter Gloria leben könnt, wenn du deine Ausnahm vom Hof dazutust.‹

So reis ich halt am andern Tag gleich aus in die Glashütte und erfrag mir das Weiberleut. Als ein deutscher Michl, laß dir sagen, wie ich halt meiner Lebtag schon bin, ein richtiger Gradan wie ein Waldstier, sag ich's ihr pfeilgrad, daß ich da wär wegen dem Heiraten. Die schöne Pension laßt nit hint, Strahberger, denk ich mir, und so bin ich halt gleich mit der Tür ins Haus gefallen.

Sie muß auch schon Wind gehabt haben vom Waldhaus Hansei aus, weil sie gleich so süß getan hat mir mir. Der Antrag ist ihr eine große Ehr, sagt sie, und in ein paar Tagen tut sie mir Post.

Die paar Täg vergehen, ich weiß nicht wie, in einem Trubel, und da kimmt halt der Waldhaus Hansei wieder und sagt: ›Alles ist recht, Strahberger, nur einen Umstand hat es noch, und der läßt sich leicht abstellen. Indem daß es nämlich die Hochzeiterin bemerkt hat, daß du im oberen Stockwerk von deinem Mäu nur mehr drei Zähn hast, wäre es ihr erwünscht, wenn du dir ein Gebiß tätest machen lassen, weil da ein Mannsbild gleich um zwanzig Jahr jünger aussieht. Und sie hat auch ein solches Gebiß, oben und unten.‹

›Wenn's weiter nichts ist‹, geb ich dem Waldhaus Hansei Bescheid, ›so ein Gebiß wird die Welt nicht kosten. In vierzehn Tagen stell ich mich wieder vor bei der Wittib in der Glashütten.‹

Na – so ein Weiberleut laßt man doch nit hint, und so eine Pension erst recht nit.

Ich reis also gleich aus zum Zahndoktor auf Deggendorf um ein Gebiß. Der Lalli reißt mir die drei kerngesunden Zähn, wo ich noch gehabt hab im Oberkiefer, weil er sagt, daß ein ganzes Gebiß besser ausschaut als wenn noch drei so Scherben dazwischen stecken.

Na ja, denk ich mir, das Zahnreißen dauert nur ein paar Minuten. Den Wehdam haltst aus der Hochzeiterin zulieb und zwegen der Pension.

Wie ich nachher mein Gebiß schön im Leibltaschl hab, reis ich gleich der Glashütten zu und sag zu der bildsauberen Wittfrau:

›So, meine Liebe‹, sag ich, ›da schau her, jetzt hätten

wir's Gebiß auch‹, und papierl's aussa aus dem Leibltaschl. Wie ich's aber nachher in's Mäu hineinsteck, fällt's mir alleweil wieder herunter. Es will einfach nicht halten und hat mich weit über hundert Mark gekostet.‹

Ich reis gleich wieder zu dem Zahndoktor und erzähl ihm die Blamaschi mit dem Gebiß. Da sagte der Mensch, da kann er nichts machen, ich hätt halt so einen ungünstigen Gaumen, daß mir kein Gebiß halten kann.

›So‹, sag ich, ›und die drei Zähn, wo man ein Gebiß hätt' anhafteln können, hast mir außerg'rissen! Und wenn's jetzt mit der Hochzeiterin nichts wird, klag ich dich ein wegen dem Schmerzensgeld und der Pension, hast mich verstanden?‹

Wie ich heimkimm, hockt der Waldhaus Hansei wieder da und sagt, er muß mir Post tun von der Wittib, laß dir sagen, indem daß sie sich beim Glasherrn erkundigt hat, und sie tät die Pension einbüßen, wenn sie noch einmal heiraten tät. Und sie läßt dir danken für den guten Willen, es wär ihr eine rechte Ehr gewesen.

›So!‹ schrei ich in meiner Wut, ›jetzt, wo die drei Zähn hin sind und das schöne Gerstl für das Gebiß!

Natürlich hab ich die Geschicht nicht gut sein lassen und hab die Wittib brav angestritten zwegen die Kosten von dem Gebiß. Drei Jahr haben wir hin- und herprozessiert, aber zum Schluß hab ich doch Recht kriegt: die Wittib hat mir das Gebiß gutmachen müssen, und die Gerichtskosten hat sie noch extra gehabt.

Und weil ich das Gebiß, laß dir sagen, im Mäu nicht hab brauchen können und weil es mir, als ein Wertstück von weit über hundert Markl, zum Einsperren im Kasten zu schad gewesen ist, hab ich mir's vom Goldarbeiter in der Grafenau anöhren lassen. Und seitdem trag ich's halt, wie du siehst, neben dem Sauzahn und dem Frauentaler an der Uhrketten.«

Vom alten Schlag

Ich ging bedächtig hinter den Frühmeßweibern her und freute mich der prachtvollen Sonntagsfrühe, der feierstillen Felder, der fernrauschenden Wälder und des Geleuchtes in den unbewegten Lüften.

Vor mir aber stapften die drei Frühmeßweiber mit gerafften Röcken, damit sie den Tau nicht von den Gräsern streiften, die alte Blaslin, die alte Schilcherin, die alte Reindlin, drei vom alten Schlag, wetterhart wie Mannsbilder.

»Ich weiß nicht, was das ist heutingstags«, hub die alte Blaslin an. »Wenn die Weiber jetzt in die Wochen kommen, muß gleich die Hebamm her oder gar ein Doktor. Früher hat man das gar nicht kennt. Die Hebamm freilich, die hat man halt genommen, weil man sich nit hat anschauen lassen, aber braucht hab ich s' nie. Ich nicht! Von einem Doktor hat man überhaupts nichts gewußt!«

»Recht hast, Blaslin«, bescheidet die alte Schilcherin. »Die Zeiten werden alleweil miserabliger und die Weibsbilder auch. Ich hab siebzehn Kinder auf die Welt gebracht, haben alle ihre graden Glieder und ein jedes sein Brot. Heutingtags wenn eine grad fünfe hat, jammert sie schon, daß's aus der Weis ist. Und die Hebammen wissen nimmer, was sie verlangen müssen. Und erst gar die Doktorn! Die nehmen's gleich kilometerweis!«

»Wär ja doch ganz aus!« entrüstet sich die Reindlin. »Gleich kilometerweis ... Da bin ich aber froh, daß ich mein Dutzend schon hergebracht hab und keine Hebamm mehr brauch und keinen Doktor überhaupts nicht!«

»Wie ich halt alleweil sag«, nahm die Blaslin wieder das Wort, »so lausig wie die Zeiten jetzt sind, das hat's früher gar nit geben. Ich weiß's noch wie heut, wie ich's erstemal entbunden hab. Da hab ich gar nix gemeint dabei. Um fünfe in der Früh ist's angegangen, um halb sechse ist's Kindl dagewesen, ein Mordsdrischlbua, der Hansjörgl, und um siebene ist der Mann schon ausgereist damit ins Kirchdorf ins Taufen. Die Ehholden sind im Mähen gewesen, und weil's mir im Bett zu langweilig worden ist, bin ich aufgestanden, hab mir die Leitern angelehnt an den schwarzen Kirschbaum und hab den Ehholden Kirschnudeln gemacht auf Mittag. Und hab mich nimmer gelegt auch.«

»Und was ist's denn bei mir gewesen«, pflichtet die Schilcherin bei, »wie ich gleich mit Zwilling niederkommen bin? Ich weiß's noch wie heut! In der Ernte ist's gewesen, und die Leut sind ohnedem nicht zuviel gewesen zur Arbeit. Wie nachher der Mann mit den Zwillingen ins Taufen fort ist, bin ich aufgestanden, hab das ganze Grünfutter gemäht und mit dem Schubkarren heimgefahren von der Hofwiese – das ganze Futter für dreißig Stückl Vieh, hab den ganzen Stall abgefüttert, habe den Sauen und den Kaibln ihren Trank gegeben, hab den Leuten das Essen aufs Feld hinaus und hat mir hint und vorn nichts gemacht. Meine Liebe, heutingentags wenn eine Wöchnerin so was tät, die meinet, die Welt ging zugrund!«

»Na, und wie ist's denn bei mir gewesen«, fragt die Reindlin, »damals wie mein Kaspar auf die Welt ist gekommen? Hab eine Wallfahrt gemacht selbigesmal auf den Büchlberg, und auf einmal, halbwegs, packen mich die Wehen an. Was tu ich? Was treib ich? In ein Brechhaus bin ich hinein, hab 's Kindl gebracht und in meinen Zöger eingepackt. Nachher bin ich weiter auf meinem Wallfahrtsweg mit dem Kindl im Zöger. Denn die Wallfahrt hab ich nicht hintlassen mögen, weil ich bloß mehr ein paar Stunden zum Gehen gehabt hab. Kein Mensch hätt etwas gewußt von dem Kindl, wenn's nicht bei der Nacht 's Schreien an-

fanget. ›Was plärrt denn da so in deinem Zöger?‹ fragt mich die Wirtin, wo ich über die Nacht geblieben bin.

›Was wird denn plärren?‹ sag ich, »'s Kindl halt.«

›Ist's denn krank?‹ fragt die Wirtin weiter.

›Na‹, sag ich, ›gar nichts fehlt ihm.‹

›Wie alt ist's denn schon?‹ fragt die Wirtin weiter.

›Einen halben Tag‹, sag ich, ›weil ich auf dem Weg entbunden hab.‹

Siehst, und dieselbe Wirtin ist auch schon so eine Neumodische gewesen, weil sie die Händ über dem Kopf aushebt und schreit:

›Das wär ja ganz aus! Ja, bist denn du eine Gußeiserne? Du mußt ja eine Natur haben wie ein Elefant! Und gibt's noch mehr solchene Weiber bei euch im Wald drinnen?‹

›Grad genug‹, sag ich. ›Bei uns ist eine jede Wöchnerin so!‹«

»Da hast aber recht gehabt, Reindlin«, pflichten die Blaslin und die Schilcherin einstimmig bei. »Bei uns war eine jede so!«

»Und damit ich die Geschicht auserzähl, laßt euch sagen: am nächsten Tag bin ich mit dem Kindl im Zöger heimgedroschen, und wie ich heimkomm, schaut mich der Mann so spaßig an, weil ich halt so schmächtig war auf einmal in der Mitten.

›Schau nur recht spaßig‹, sag ich zu ihm, ›aber lupf das weiße Tüchl überm Zöger.› Und er lupft das Tüchl und tut einen Schrei.

›O mein Weib‹, sagt er, ›wie und wo hast denn du entbunden?‹

›Im Mitternacher Brechhaus‹, sag ich, ›und getauft ist's auch schon. Weißt, weil mir auf dem Heimweg grad unsere Gevatterin, die Röhrnachmüllerin, begegnet ist, und da haben wir den Buben gleich taufen lassen, nicht daß ich dir mit einem nacketen Heiden ins Haus komm!‹«

»Ja, *wir* sind Wöchnerinnen gewesen«, rühmt die Blaslin, »aber heutingstags . . .«

Ich schreite bedächtig hinter den Frühmeßweibern her und freue mich der prachtvollen Sonntagsfrühe, der feierstillen Felder, der fernrauschenden Wälder, der Lüfte und der wackeren Wöchnerinnen aus der guten alten Zeit!

Wie ich mit dem Raunzinger wallfahrten ging

Ich hatte gerade Ferien, und der Raunzinger hatte noch weniger zu tun. Denn der hatte seinen Hof an einen Brudersohn verkauft und wußte mit dem Geld und seiner Freizeit nichts Rechtes anzufangen. So saß er denn die meiste Zeit bei mir auf der Hausbank und spuckte mit den Tropfen um die Wette, die die Ostersonne vom morschen Eis der Dachtraufen taute.

»Bua«, sagte er in einem plötzlichen Entschluß, »eine Wallfahrt sollten wir machen, wir zwei, daß uns die Feiertäg nicht gar so langweilig werden. Jawoi! Aber nit bei uns da umeinander, wo einen jedes Kind kennt, ins Land fahren wir hinaus, und nachher sehen wir schon, wo uns der Wind hinwachelt. Wir haben ja Zeit, wir zwei, und um den Brotlzeug brauchst du dich nicht kümmern – da fehlt sich nichts. Ich hab noch eine ganze Selchsau vom Hof her, die muß dranglauben.«

Ich ahnte schon, wo der Raunzinger hinauswollte. Er konnte sich nur nicht recht ausdrücken. Die angebliche Wallfahrt sollte eine rechte Lustreise werden, und damit bei den Heimleuten nichts lautmärig würde, sollte sie sich auf unbekanntem Boden abspielen.

Also fuhren wir mit dem Bähnlein los und landeten gutding fünf Stunden weit von der Heimat weg in einem fremden Nest, das ich bisher nur vom Hörensagen kannte.

Der Raunzinger packte schwitzend seinen Rucksack mit der Selchsau auf und wies mit dem Hakelstecken nach dem nächsten Kirchturm: »Bua, akkurat auf diesen Turm marschieren wir los. Also zuerst machen wir noch Brotzeit, wie es sich für richtige Wallfahrer gehört. Und beten tun wir still, jeder für sich, damit einer den andern nicht in der Andacht stört.«

Der Raunzinger packte seinen Rucksack wieder vom Buckel und tat für jeden einen Ranken Rauchfleisch und einen halben Osterfladen heraus, die wir unterwegs gemütlich vesperten. Es ging uns durchaus keine Langeweile an, denn der immer näherrückende Kirchturm segnete still auf unsere Brotzeit, und die Leute, die uns begegneten, lächelten vielsagend, als dächten sie: »Das sind gewiß zwei hagelbuchene Hinterwäldler.«

Wir machten uns aber aus solchen, nur gelächelten Randglossen zu unserer Lustreise nichts und schritten wacker weiter vespernd auf den besagten Kirchturm los, bis wir beinahe mit den Nasenspitzen daran stießen.

Da stemmte der Raunzinger seinen Hakelstecken ungestüm in den Straßenschotter, wischte sich mit dem Rockärmel die Brotzeitreste vom Maul und sprach anerkennend:

»Saprawolt! Eine mentisch große Kirche haben sie dir da in dem Kaff. Fast so groß wie die unsere daheim!«

Dann ließ er seine Luchsaugen listig in die Runde schweifen, stieß den Hakelstecken wieder gewichtig auf und sprach: »Kannst es lesen, was dort auf dem Schild steht?«

»Jawohl«, sagte ich. »Gasthof zum Kirchenwirt steht auf dem Schild.«

»Nachher stimmt's ja! Bumbsdi – da kehren wir ein. Hab schon einen mentischen Durst!«

Der Raunzinger stellte seine fünf Maß Bier hinunter in einer Geschwindigkeit, daß ich es nur auf drei brachte, und als wir aufbrachen, fragte die Kirchenwirtin: »Ihr zwei, gewiß seid ihr Wäldler?«

»Das heißt man Leut ausfragen«, gab der Raunzinger Bescheid, lupfte seinen Rucksack auf und lugte zwischen Tür und Angel schon nach dem nächsten Kirchturm.

»Saprawolt!« schrie er anerkennend. »Das sind ja gleich zwei! Und was für Trümmer! Bua, da wallfahrten wir hin. Aber zuerst machen wir noch Brotzeit, und beten tun wir still, ein jeder für sich, daß einer den andern nicht in der Andacht stört. Auf das bißl Bier hab ich einen ganz sakrischen Hunger kriegt. Vespern tun wir im Gehen, daß wir nichts versäumen. Denn wer weiß, was hinter den zwei Kirchtürmen steckt, weil's gar solchene Trümmer sind!«

Er langte wieder für jeden einen Ranken Rauchfleisch aus dem Rucksack, und wir vesperten den Weg entlang, wie es sich für richtige Wallfahrer gehört. Wer uns auch begegnen mochte, dem zwinkerte der Raunzinger mit listigen Äuglein zu, als wollte er ihn in die geheimsten Absichten und Hintergründe unserer sonderbaren Wallfahrt einweihen. Die Leute schauten nur so, lächelten oder schüttelten den Kopf und wurden sich nicht klug.

Indem wuchsen uns die zwei Kirchtürme wie steingewordene Riesenzwillinge aus einem mächtigen Lindenhain entgegen, und als wir so nahe waren, daß wir sie schon mit einem Steinwurf erreichen konnten, da streckte der Raunzinger sein Riechorgan witternd in die Luft und sprach anerkennend:

»Saprawolt, saprawolt! Da riecht's aber spaßig!«

Nachdem wir die zwei Kirchtürme gehörig bewundert hatten, sprach der Raunzinger wieder: »Bua, jetzt schau um, was auf dem Schild dort für eine Geschrift steht!«

Ich schaute um und las an einem weitläufigen Gebäude: »Klosterbrauerei des Korbinian Schinkenhuber.«

»Saprawolt! Saprawolt! Bua, da haben wir's ja richtig erraten! Ich hab mir's ja gleich denkt: zwei solche Trümmer Türm, da muß etwas dahinterstecken! Und gerochen hab ich's auch gleich. Bua, da halten wir uns eine Zeitlang. Mir pappt die Zung eh schon am Gaumen.«

Ich wußte nunmehr klar Bescheid, warum der Raunzinger immer nur Kirchtürmen zustrebte, und weil es diesmal gleich zwei waren, trank er auf jeden fünf Maß edlen Klosterbräus, dieweil ich es wieder nur auf drei brachte.

»Saprawolt! Saprawolt!« sagte er beim Abschied. »Bua, schau nur, ob du nicht wieder ein paar solcher Türme erspähst. So ein Bierl mußt suchen!«

Als ich beim Weiterwandern Auslug nach erwünschten Doppeltürmen hielt, lupfte er aus dem Rucksack wieder einen Ranken Geräuchertes. »So ein Bierl braucht eine Unterlag«, war sein Spruch, »und beten tun wir still, ein jeder für sich, daß einer den andern nicht stört.«

Da wir eben aus dem Lindenhain traten, entdeckte ich unweit auf steiler Bergeshöhe etwas Seltsames, und im Vespern innehaltend, rief ich dem Raunzinger zu: »Vettermann, da schau!«

Der riß Augen und Maul auf, patschte sich auf die Stiefelschäfte und schrie: »Saprawolt! Saprawolt! Bua, gleich drei Türm auf einmal! Was wird's da für ein Bierl geben?«

Mit Riesenschritten strebten wir dem lockenden Ziele zu. Wie ein Dampfroß schnaubte mein Begleiter unter der Last seines Rucksacks den Berg hinan, ich neugierig hinterdrein. Droben angekommen schob der Raunzinger seine Nase schon witternd in die Luft, aber er konnte nichts erriechen, und ich konnte kein Schild mit einladender Aufschrift ablesen. Es war nichts da als ein weiter, grasiger Platz und eine welteinsame, wirkliche Wallfahrtskirche.

»Lumperei übereinand!« stieß der Raunzinger seinen Hakelstecken ins Gestein. »Drei Türm und kein einziges Wirtshaus! Nicht einmal eine Flaschenschenk! So was muß es auf der ganzen Welt nicht geben! Malefiz, malefiz! Da hab ich schon genug!«

Keuchend und kollernd stob er den Berg hinunter, ich wortlos hinterdrein.

Erst in der Klosterbrauerei des Korbinian Schinkenhuber fand er seine Sprache wieder: »Bua, Bua, von der Gegend da heraußen hab ich genug! Da gibt's ja Kirchen, wo nicht einmal ein Wirtshaus dabei steht! Und bei uns da-

heim sind's überall drei zum allermindesten, und wenn das Kirchdörfl noch so lausig ist! Aber da heraußen kannst dich schwer täuschen. Ein zweites Mal möcht ich das nimmer. Jetzt halten wir uns wieder besser auf die Waldseiten, da wissen wir's doch gewiß, daß bei jeder Kirchen auch ein Wirtshaus steht. Da heraußen aber soll das Wallfahrten der Guggetzer holen! Drei Türm' und nicht ein einziges Wirtshaus! Da hört sich ja der Glauben auf!«

Ein Staatsgaul

Auf der Waldstraße trabt der Hotz hinter dem Zotz her. Der Zotz aber kommt nicht vorwärts, weil der hinter seinem Gaul hertrabt, und dem sind die Beine schon steif wie ausgediente Besenstiele.

»Der wär schon vor zehn Jahren zeitig gewesen für den Schinder«, sagt der Hotz. »Ich wenn so einen Häuter im Stall haben müßt, ich tät mich schämen. Verstehst?«

»Hör schon, Hotz ... Heut muß er eh schon zum Schinder.«

»Schon – sagt er auch noch! Schon! Schau nur den Rakker an! Der dermacht's ja gar nimmer! Wie man nur einen Gaul so lang behalten mag!«

»Dreißig Jahr hab' ich ihn gehabt ... Ist eine lange Zeit ... Weißt, Hotz, da wachst man zusammen, Mann und Roß. Man soll zwar Mensch und Vieh nicht zusammengleichen ...«

»Dreißig Jahr! Und als Fünfjährigen hast ihn gekauft. Macht fünfunddreißig!«

»Alleweil ...«

»Im Geschirr hat er's noch getan ... Aber so, wie er jetzt dasteht, da möcht einem frei grausen. Einen Schweif wie ein ausgemergelter Maurerpinsel, Rippen, daß man einen Hut hinhängen könnt, von der Mähn siehst überhaupt nichts mehr, lahm ist der Häuter wie ein wackliger Großvaterstuhl, stockblind, versteht sich, ist er auch ...«

»Tu nit lang wörteln, Hotz, vielleicht haben deine Gäul daheim auch einen Fehler.«

»Fehler hin, Fehler her ... Aber gelt, Zotz, das Sprichwort kennst: Wie der Herr, so das Gescherr. Sind schon wieder quitt, Zotz ... Schau nur hin, jetzt will das Luder gar noch bocken auch! Das geht ihm noch ab! Was sag ich denn? Da liegt er ja schon und streckt alle Viere von sich! Hab ich's nit gleich gesagt, daß du nimmer zum Schinder kommst damit?«

»Ja, wirklich! Er ist schon maustot.«

»Da hast jetzt die Bescherung. Maustot – und mitten auf der Straß.«

»Jetzt wenn ein Fuhrwerk kimmt oder gar ein Auto . . .«

»Kimmt schon eins auch. Spring, Zotz, spring, sonst überfahrt's uns auch noch . . .«

Der Hotz und der Zotz torkeln in den Straßengraben, das Auto aber holpert und poltert über den Gaul, daß er hin sein müßte, wenn er's nicht eh schon wäre.

»Halt«, schreit der Hotz, »halt, halt! Dem Zotzen seinen Gaul habt's überfahren!«

Doch der Autofahrer rast angesichts des vermeintlichen Schadens mit Vollgas weiter.

Aber der Hotz zieht als fortschrittlicher Landwirt sein Notizbüchl heraus und notiert sich etwas.

»Was schreibst dir denn da auf, Hotz?«

»Halt's Mäu und mach mich nit irr . . . Numero C 82 136 . . . Der Numero wird Augen machen, wenn er vom Amtsgericht ein schriftliches Schreiben kriegt.«

»Vom Amtsgericht? Nein, Hotz, mit den Gerichtern mag ich nichts zu tun haben. Da bist allemal verspielt.«

»Diesmal nit, Zotz. Denn ich kann's tausendmal beschwören, daß dir der Numero den Gaul überfahren hat. Und so ein Eid will geschworen sein . . . Lus auf, Zotz:

's Weibersterben
Is nit des Bauern Verderben,
Aber 's Roßverrecken,
Das ist ein Bauernschrecken.

Aber diesmal nit, Zotz. Diesmal geht's umgekehrt. Der Numero, den wo ich mir aufgeschrieben hab, muß dir den Gaul gutmachen, weil er ihn überfahren hat. Daß er kein gutes Gewissen nit hat, das beweist dassell, daß er so schnell ausgerissen ist. Dem werden wir's eintränken, dem Numero, damit daß er ein anderes Mal weiß, ob man anderen Leuten ihre Gäul so mir nichts, dir nichts überfahren darf. Aber nur unter der Bedingnis, Zotz, daß wir das Geld teilen. Denn wenn ich nit dabei bin, hast keinen Zeugen und kriegst gar nichts. Überhaupts wo du gar keinen Numero weißt . . .«

»Mir ist alles recht, Hotz. Wenn ich nur nit aufs Gericht muß . . .«

Der Hotz und der Zotz traben schön gemächlich auf der Straße weiter, da kommt zufällig der Wachtmeister Grimmdobler des Weges. Sie setzen ihm den Fall schön breit auseinander, und der Hotz nennt ihm auch den Numero, den wo er sich aufgeschrieben hat.

»Den Numero«, sagt der Wachtmeister, »den kennen wir schon lang. Es ist gar nicht zum Sagen, was dieser Numero an Hühnern, Enten, Gänsen und Säuen auf dem Gewissen hat. Und jetzt auch noch ein Gaul! Der wird ihm aber teuer zu stehen kommen.«

Der Zotz gibt dem Hotz einen verstohlenen Rippenstoß.

»Ja, teuer muß der Gaul werden«, sagt der Hotz, »überhaupts, wo er sich hat drücken wollen.«

»Das tut er allemal, dieser Drückeberger-Numero. Aber wir kennen ihn. Er ist ein reicher Sportfahrer, und blechen kann er auch.«

»Überhaupts so ein Gaul! Ein Roß, wie man nit leicht eins finden muß: Schön aufgeschweift, eine Mähne wie ein Helmbusch, gangig wie ein Schneider, vollfleischig wie eine Kirtasau, feinhaarig wie ein Seidenpinscher, und Fesseln hat er gehabt, so schlank schon wie eine persische Prinzessin. Wie ich halt sag, ein Musterroß, ein Staatsgaul . . .«

»Da wird er wohl einen Tausender blechen müssen, der

Numero«, meint der Wachtmeister mit unverhohlener Schadenfreude. »Verlangen Sie nur nit zu wenig, daß er sich's einmal merkt, sein Schnellfahren und seine Drückebergerei.«

»Unter zwölfhundert«, ereifert sich der Hotz, »kommt er nit weg. Wissen S', Herr Wachtmeister, weil das edle Tier dem Hotzen sein Lieblingspferd war, und dieser Liebhaberwert darf auch eingerechnet werden, wie man hört.«

»Aber advokatisch«, meint der Zotz, »möcht ich's nit machen. Da ist ein Bauernmensch allemal der Verspielte.«

»Da braucht's kein Gericht. Der zahlt schon so. Der ist froh, wenn er nit vors Gericht muß und noch extra Strafe und Kosten berappen muß. Was liegt dem Numero an ei-

nem Tausender oder zwei? Wenn er nur nicht eingelocht wird – das ist dem die Hauptsach. Also – ich mach den Fall jetzt protokollarisch – und paßt auf, in drei, vier Tagen habt ihr euer Geld.«

»Von dem Numero?« fragen der Hotz und der Zotz wie aus einem Munde.

»Von dem Numero ... Ein Spitzbub darf ich sein, wenn der Numero nit auf der Stelle blecht, nur daß er dem Gericht auskommt«, bescheidet der Wachtmeister, tippt an den Mützenschild und biegt in ein Seitensträßlein ab.

Der Hotz aber und der Zotz zerren das tote Rößlein von der Straße weg ins Waldesdickicht.

»Ein Musterroß!« meint der Zotz.

»Ein Staatsgaul!« nickt der Hotz. »Jetzt ist er's wirklich ... Aber jetzt, was wär's, Zotz, wenn ich mir den Numero nit aufgeschrieben hätt? Was wär jetzt der Zotz ohne den Hotz? Hast mich? Lesen und schreiben muß der Mensch heutingstags können, sonst ist er verloren. Und wenn aus der größten Schinderkrucken der nobligste Staatsgaul wird, was nützt es dich, wenn du den Numero nit hast? Aber ich hab ihn.«

»Der Numero ist schon recht, Hotz, jetzt wenn nur das Geld auch schon da wär ...«

Der »Numero« sandte für das überfahrene Pferd ohne jeden Anstand die geforderten zwölfhundert Märklein.

Der Hotz und der Zotz teilten die Summe brüderlich.

»Wenn der Numero eine Ahnung hätte, was das Staatsroß für ein Häuter war«, meinte der Zotz ehrlich.

»Warum?« fragte der Hotz hinwider. »Wär er halt abgestiegen und hätte sich den Racker angeschaut. Aber so geht's, wenn man sich drückt wie ein driedoppelt geschwefelter Blitz, daß man auch den Numero nimmer sehen soll. Aber mir fahrt keiner zu lüftig ...«

Die saudumme Probe

Die Haunreuterischen Eheleute saßen in Gedanken versunken auf der Hausbank und sonnten sich.

Beide dachten das nämliche: Wir sind alt und können's nicht mehr lange schaffen. Aber wem sollen wir den Hof übergeben, da uns ein Leibeserbe versagt ist? Freilich, Verwandte wären eine ganze Menge als Anwärter da, nahe und ferne, aber den Würdigsten herausfinden, das wär's!

Der alte Haunreuter hieb sich aus seinem Tabakglas eine feste Prise auf den Daumennagel, schnupfte die Ladung frisch auf, sah noch eine Weile vor sich hin und sprach:

»Jetzt hab ich's!«

Die Prise hatte ihm den Verstand geschärft.

»So, hast du's?« fragte die Haunreuterin und tat noch ein Stück Zucker in ihre Kaffeetasse. Denn jetzt ging's nicht mehr drauf zusammen.

»Jawohl«, sprach der Haunreuter und setzte zur Bekräftigung eine zweite Prise drauf. »Jawohl! Wir machen einfach die Probe, welcher der würdigste ist! Weißt es ja so, wie sie alle auf den Hof und die Erbschaft spitzen. Wie sie uns schmeicheln und schön tun, damit ihnen ja der Braten nicht mehr auskommt. Aber jetzt wird vorgebaut, damit alles seinen richtigen Gang geht. Natürlich kommt bloß die nächste Verwandtschaft in Frage. Wir werden doch den schuldenfreien Hof und hundertachtzig Tagwerk Grund nicht einem weitschichtigen Vetter geben.«

»Ich bin auch dafür, daß wir alles nur einem Erben übergeben, das Gut und das Geld, nachher gibt es keinen Streit unter der Verwandtschaft. Und einen schönen Austrag nehmen wir uns auch aus. Alle Tag fünf Maß Milch, alle Wochen einen Schilling Eier, drei Pfund Butter und zwei Pfund Schmalz, Mehl und Fleisch, was wir mögen, eine Specksau mit vier Zentner noch extra, nachher das halbe Obst . . .«

»Das kriegen wir alles, Alte, wenn wir einmal wissen, was und wie. Das ist jetzt die Hauptsache.«

Inzwischen ist ein junger Mensch den Hofweg herabgekommen. Als er das Gespräch der alten Haunreuterischen auf der Hausbank hört, tritt er hinter die Hollerstaude und spitzt die Ohren. »Holla, da hat's was! Das geht auch mich an. Da erfahr ich eine große Neuigkeit!« sagt er zu sich.

Und wie er so unsichtbar im tiefsten Wildwuchs der Hollerstaude steht, leert die Haunreuterin ihre Kaffeetasse und spricht:

»Was für eine Probe willst du denn nachher machen?«

»Wie ich gesagt hab, welcher daß der Würdigste ist von den Dreien, die ich im Aug hab. Es handelt sich ja bloß um die Buben von meinem Bruder und meinen zwei Schwestern.«

Der junge Mensch in der Hollerstaude hält den Atem an.

»Also den Michelbauer Simerl meinst?« fragt die Haunreuterin. »Ist soweit ein richtiger Bursch, aber das Geld kann er nicht halten. Nachher der Blasi Peterl und der andere, der Höniggruber Bertl?«

»Das bin ja ich!« hätte der junge Mensch beinahe laut aus der Hollerstaude geschrien, aber er besann sich im letzten Augenblick noch und machte sich dünn wie ein Strolch.

»Der Blasi Peter«, sagt der Haunreuter auf der Hausbank, »könnte die Arbeit schon herpacken, wenn er besser möcht.«

»Und so viel fressen soll er, wie man alleweil hört«, ergänzt die Haunreuterin. »Der frißt ja allein den ganzen Hof zusammen.«

»Das wird sich schon ausweisen«, erwidert der Alte, »wenn wir die Probe einmal machen.«

»Und nachher der Höniggruber Bertl. Das ist eigentlich ein rechter Windbeutel. Und faustdick soll er's hinter den Ohren haben, wie die Leut sagen.«

In der Hollerstaude knickt ein Zweig.

»Wie die Leut sagen, das ist alles ein dummes Geschwätz. Das werden wir alles selber sehen, wenn wir die Prob einmal machen, welcher von diesen drei Kampeln der Würdigste ist.«

»Jetzt weiß ich aber alleweil noch nicht, wie du die Probe machen willst, Haunreuter?«

»Ganz einfach: wir tun die drei Kunden auf den Hof her, einen nach dem andern, und da stell ich jedem eine Falle, in die sie sicher hineintappen, wenn sie's nicht aufrichtig meinen. Das Weitere siehst nachher schon, wenn sie einmal da sind.«

Der junge Mensch trat behutsam aus der Hollerstaude, ging eine längere Wegstrecke zurück und kam dann singend und pfeifend, wie von weit her, den Gangsteig herab.

»Wer kommt denn da?« fragt die Haunreuterin.

»Ei gar, der Höniggruber Bertl!« tut der Alte.

»Grüß Gott beieinander, Vetter und Basl!« schreit der Bertl schon von weitem. »Da schickt euch die Mutter ein Haferl voll Honig. Ihr sollt es euch gut schmecken lassen. Und wenn das Haferl leer ist, macht sie's euch schon wieder voll. Und jetzt behüt euch Gott, ich muß gleich wieder weiter, weil ich beim Wegscheiter in Breiteich noch einen Stier anschauen muß, den uns der Heimerlschuster verraten hat. Wir brauchen den Stier schon ganz notwendig, und man muß schauen, daß man rechtzeitig zu seinem Sach kommt. Heutzutag handelt man sich nimmer so leicht wie früher, weil die ganze Welt voller Lumpereien ist. Behüt Gott!«

Der Bertl hat die Alten gar nicht zu Wort kommen lassen, da stapft er schon die Hänge hinunter und pfeift und singt wie ein Hochzeiter.

Hinter einer Wegbiegung im Tal bleibt er stehen und schwingt seinen Hakelstecken bedeutungsvoll gegen den Haunreuterhof hinauf:

»Die Prob, die werde ich euch gründlich versalzen, Ihr zwei Geizkrägen da droben, ihr sollt es richtig erleben, daß ich's faustdick hinter den Ohren hab! Das soll nicht bloß ein Leutgeschwätz sein, das soll schon seine Richtigkeit haben. Jawohl! Übers Jahr bin ich Haunreuter!«

Schon am nächsten Tage macht sich der Haunreuter auf den Weg zu seinem Bruder, dem Michlbauern, und bringt sein Anliegen vor:

»Wenn halt einer von den Buben, etwa der Simmerl, auf den Hof kommen wollte. Man wird alt und kann nicht mehr so hinter den Dienstboten her sein wie früherszeiten, versteht sich!«

Der Michlbauer tut einen großmächtigen Nicker:

»Versteht sich! Natürlich! Da fehlt gar nichts! Und der Simmerl kann gleich mitgehen!«

»Er braucht's nicht umsonst tun«, sagt der Haunreuter und denkt an die Probe.

»Wär noch das Schönste! Natürlich tun wir's umsonst, wo wir die allernächsten Verwandten sind«, begehrt der Michelbauer auf. »Das wär ja eine Schande und ein Spott vor der ganzen Welt, wenn wir uns für eine kleine Gefälligkeit zahlen ließen. Und du, Simmerl, nimm dich zusammen und schau auf die Sach, als wenn's dich selber anginge. Verstanden?«

Der Michlbauer dachte an den schönen Hof, den nun sein Simmerl sicher erben würde, wie es sich von rechtswegen auch gehörte.

An die Probe aber denkt er nicht.

Und wie der Haunreuter mit dem Simmerl fort ist, macht er einen Luftsprung, daß die Milchhäfen auf der Herdbank hin und her wackeln, und geht gleich ins Wirtshaus.

Der Haunreuter ist ein Räsuchlein wert.

Der Simmerl vom Michlbauern ist nun schon vier Wochen auf dem Hof und hat bei der Ernte tüchtig mitgearbeitet.

Jetzt sitzt er mit dem Großknecht auf dem Feldrain im Hochacker und macht Brotzeit.

Zwischen einem Bissen Brot und einem Schluck aus dem dickbauchigen Mostkrug sagt der Großknecht beiläufig: »Simmerl, jetzt wird's die Geschichte bald haben. Der Hof ist dir gewiß!«

»Ich mein«, sagt der Simmerl, »die Freud wird nicht am größten sein bei mir. So ein Hof erleidet Arbeit.«

»Jetzt hast du recht, Simmerl. Ich wenn so einen Hof erben tät, ich täte ihn verkaufen und mir ein schönes Leben machen. Ich schon!«

»Ja, meinst du denn, ich bin ein hellichter Narr?« fährt der Simmerl auf. »Die erste Stund, wo ich den Hof hab, hört die Bauernschinderei bei mir auf! Mit dem Haufen Geld für den Hof kann ich einen Herrn spielen, grad nobel, verstehst? Eine Jagdkarte muß her, ein Mercedes und ein Farbfernseher! Da werden sie spitzen, die Bauernfünfer mit ihren Salzbüchselaugen, wenn ihnen die Augendeckel nicht zupappen vor Neid.«

»Mir pappen sie jetzt schon zu«, meint der Großknecht, »aber nicht vor Neid, sondern weil ich hoff, daß du mir hie und da ein Maßl zahlst. Hast mich, Simmerl?«

»Hab dich schon, Girgl!«

Er hatte ihn nicht! Aber der Großknecht hatte ihn!

Schon am nächsten Morgen ließ der Haunreuter den Simmerl zu sich kommen und sprach zu ihm:

»Lieber Simmerl, ich bedank mich halt derweil recht fleißig für die Aushilfe bei der Ernte. Jetzt möcht ich dich nimmer länger aufhalten, weil sie dich daheim auch recht notwendig brauchen. Wie ich seh, tun sie bei dir daheim grad die große Hofwiesen heuen, und da wärst du ihnen eine rechte Hilfe. Also gelt, und meine Schuldigkeit mach ich ein anderes Mal. Verstehst schon, gelt?«

»Ist ja gar nicht der Red wert«, wehrt der Simmel geschmeichelt ab und geht.

Er hatte die Probe nicht bestanden. Wie hätte er auch ahnen können, daß der Großknecht nur der bestellte Spion des Haunreuter war.

»Dem Simmerl bleibt der Schnabel einmal schön sauber«, meint die Haunreuterin. »Der kann sich einen Hof denken, den wo er nachher durch die Gurgel jagen kann. Da schau den Feinspinner an! Einen Mercedes möcht er und eine Jagdkarte und weiß Gott, was noch!«

Der Haunreuter spricht ein sehr grobes und kräftiges Wort in Bezug auf den Simmerl, denn er war sehr stolz auf die gelungene Probe. Dann holt er den Hakelstecken aus dem Herdgestänge und stiefelt zum Blasibauern auf Wurmsdobel wegen dem Peterl, dem berühmten Vielfraß.

Der Blasibauer macht ein mürrisches Gesicht, als der Schwager bei ihm in die Stube tritt.

»Was ist's denn mir eurem Peterl?« fragt der Haunreuter gerade heraus. »Ich könnt ihn so notwendig brauchen jetzt beim Grummetheuen!«

»Ja«, dehnt die Blasibäuerin heraus, »ich hab gemeint, der Michelbauer Simmerl ist bei euch?«

»Gewesen!« sagt der Haunreuter mit Nachdruck. »Der hat gestern schon Feierabend gemacht. Und überhaupt, ihr seid doch grad so nah verwandt zu uns wie die Michlbauernleut, und da hab ich mir halt denkt, der Peterl wär grad recht, verstehst, und er braucht's nicht umsonst tun, weil man sogar einen Dienstboten zahlen muß!«

Der Peterl war schon acht Tage auf dem Hof und werkte wie ein Wilder. Denn der Hof war es wert.

Da traf es sich, daß er mit dem Großknecht die hintere Doblwiese heute, und wie sie so schön bei der Brotzeit saßen, tat Peterl die Frage: »Warum hat's wohl der Michlbauer Simmerl nicht länger ausgehalten beim Haunreuter?«

»Ich mein halt, die Kost wird ihm zu schlecht gewesen sein«, sagt der Großknecht mit Bedacht und blinzelt verstohlen nach Peters Rocktasche, die sich schön gewölbt vom Heuschober abhob, auf dem der Rock lag.

»Der Simmerl ist ein dummer Teufel«, prahlt Peterl. »Wer arbeitet, soll auch essen. Ich hab schon den ersten Tag nach dem Schlüssel zu der Fleischkammer gesucht und hab ihn auch gleich gefunden. Laß dir sagen, Girgl, ich hab schon ein Mordsloch in den geselchten Fleischberg gefressen in der Räucherkammer. Magst ein Trumm?«

Peterl lupft mit dem Rechen seinen Rock heran und überreicht dem Knecht den Überrest seiner heimlichen Zwischenmahlzeit:

»Aber Maulhalten, verstehst? Und noch was: Der Schlüssel zu der Fleischkammer hängt in der Küche hinter der Spülschüssel. Hast mich, Girgel?«

»Ich hab dich schon, Peterl!«

Am nächsten Morgen schon eröffnet der Haunreuter dem guten Peterl folgenden Beschluß: »Ich meinte halt, Peterl, wenn du jetzt wieder heimgingest zu deinen Leuten. Weißt, daheim brauchen sie dich jetzt auch recht notwendig, weil die Holzarbeit jetzt angeht. Und ich bedank mich halt derweilen recht schön, und einen schönen Gruß daheim. Die Zahlung kommt schon nach. Verstehst schon, gelt, Peterl?«

Peterl verstand wohl und ging, nicht ohne noch einen wehmütigen Blick auf den Schlüssel zur Fleischkammer zu werfen.

Wie er über den Gangsteig hinaufstapfte, drohte ihm die Haunreuterin mit beiden Fäusten nach: »Warte nur, du Vielfraß! Hab ich's nicht gleich gesagt, daß uns der Lackl den ganzen Hof zusammenfrißt? Da wär die Probe durch den Großknecht gar nicht nötig gewesen. Das hab ich schon selber gemerkt an den Fleischvorräten in der Selchkammer!«

»Reg dich nicht auf, Alte«, mahnt der Haunreuter zur Ruhe. »Jetzt kommt der Höniggruber Bertl an die Reihe. Ich bin nur neugierig, ob er die Probe besteht oder nicht.«

Und sogleich holt er sich den Bertl zur Probe auf den Hof.

Als der Haunreuter mit seinem Hakelstecken in Höniggrub durch die Stubentür trabte und sein Anliegen vorbrachte, fand er zwar freundliche Augen und willige Ohren, aber einen schier abweisenden Sinn.

»So, so«, sagt der Höniggruber, »zum Holzmachen bräuchtest du den Bertl. Ich muß sagen, zum Holzmachen ist mir der Bertl zu gut. Denn bei den jetzigen Zeiten verdient er bei der Handelschaft mehr. Du mußt dir nachher den Stier anschauen, den er neulich heim hat vom Wegscheiter.«

»Er braucht's aber doch gar nicht umsonst tun«, braust der Haunreuter auf. »Ich meinte, um einen Hof könnte man sich doch ein bisserl bemühen.«

Jetzt spitzt die Höniggruberin vom Herd her: »Das könnte jeder sagen. Da müßte man erst eine Gewißheit haben!«

»So, so, eine Gewißheit«, brummt der Haunreuter und ließ sich verdutzt auf dem Schragen nieder.

Jetzt packte ihn Bertl vom Tische her: »Ich will nichts gesagt haben, Vetter, aber das muß ich dir doch sagen: Ich bin nicht der Michlbauern Simmerl und der Blasibauern Peterl.«

»Ja, soll ich's dir vielleicht schriftlich geben?« murrt der Haunreuter überrascht.

»Ich brauch nichts Schriftliches, aber wissen möcht ich, wie ich dran bin, wenn ich mit dir geh. Als einen Tagwerker kannst mich nicht haben, mich nicht! Und überhaupts ist mir die Handelschaft lieber. Da bin ich mein freier Herr und hab auf niemand aufzupassen. Und brauch niemand schön tun. Das kann ich überhaupt nicht, weil ich ganz ein Deutscher bin, verstehst?«

»Das merk ich«, sagt der Haunreuter anerkennend. »Das hast nicht gestohlen, das hast von deiner Mutter.«

Endlich entschloß sich der Bertl doch, mit dem Haunreuter zu gehen, aber nicht am hellichten Tag, sondern erst bei Nacht und Nebel. Denn er heiße nicht Michlbauer Simmerl und nicht Blasibauer Peterl und lasse sich nicht durch jedes lose Maul ziehen als Erbschleicher.

Einige Tage später saß der Höniggruber Bertl mit dem Großknecht bei der Brotzeit im Wald auf einem Baumstumpf. Da hob der Großknecht von weitem her eine Rede an, die den Bertl aufhorchen ließ:

»Mein Gott, du meinst wohl, was du für ein Glück machst, wenn du Haunreuter wirst?«

»Wer sagt denn, daß ich das will?«

»Das mußt doch merken. Die zwei Alten sind ja ganz versessen auf dich. Wie oft hab ich sie schon belauscht, wenn von dir die Rede war: der Bertl, heißt's da immer, ist halt ein Mannsbild, das ist schon ein anderer wie der Michelbauer Simmerl oder der Blasibauer Peterl, der gleich am ersten Tag den Schlüssel zu der Fleischkammer gesucht und auch richtig gefunden hat. Mein Lieber, der hat ein Loch herausgefressen!«

»Das geht mich nichts an«, lehnt Bertl eine weitere Unterhaltung über dieses Thema ab.

»Man redet ja bloß«, lenkt der Großknecht ein. »Aber was ich eigentlich sagen will, weißt für den Fall, daß du dir wirklich eine große Hoffnung auf den Hof machtest. Laß dir sagen, beim Haunreuter sind Schulden da, heimliche Schulden, schier mehr, wie der Hof wert ist. Da könnt sich einer in ein schönes Wespennest setzen.«

Bertl durchschaut die List des Knechtes und meint leichthin: »Wenn ich den Hof überhaupt möcht, dann machten mir die Schulden nicht viel aus. Weißt, Girgl, dir sag ich's, aber ganz im Vertrauen: Ich hab eine Hochzeiterin auf der Seite, eine reiche Bräuerstochter, die hat so viel Geld, daß ich den Haunreuterhof zweimal auszahlen könnt! Aber jetzt schauen wir wieder zu der Arbeit!«

»Was hört man denn von dir für Neuigkeiten, Bertl?« fragt einige Tage später der Haunreuter. »Darf denn unsereiner nicht wissen, was du für eine Hochzeiterin hast?«

»Das heißt man Leut ausfragen«, lacht Bertl belustigt.

»Es soll ja eine ganz reiche sein, wie man alleweil hört.«

»So viel Geld hat sie wenigstens, wie du Schulden hast!«

»Nein, paß auf Bertl, im Ernst: Wenn das seine Richtigkeit hat mit der reichen Bräuerstochter, nachher lassen wir dir den Hof lieber heut noch zuschreiben wie morgen.«

»Das wird auch notwendig sein«, meint Bertl. »Denn mit leeren Händen kann ich nicht zu dem Bräuer hinlaufen und sagen: Gib mir deine Tochter! Wenn ich aber als Hofbauer komm, hat das ein anderes Gesicht.«

»Mir ist's recht«, sagt die Haunreuterin. »Aber einen schönen Austrag machen wir aus: alle Tag fünf Maß Milch von der besten Kuh im Stall, alle Wochen einen Schilling

Eier, drei Pfund Butter, zwei Pfund Schmalz, Mehl und Fleisch was wir brauchen und eine Specksau noch extra.«

»Das kann man ja alles schreiben lassen, wenn ihr einen Ernst habt mit dem Übergeben. Das ist eure Sach! Ich muß den Hof nicht haben, weil ich mich mit der Handelschaft besser hinaussehe, und die Bräuerstochter kommt mir nie aus. Das Madel ist ja stocknarrisch mit mir. Nur für den Fall, daß ich jetzt schon heiraten sollte, müßte ich den Hof haben, weil ich selber noch nicht so viel Geld beisammen

hab, wie man als Bräutigam einer so reichen Bräuerstochter schandenhalber schon haben muß.«

So ging die Wörtelei noch eine Weile hinüber und herüber. Dann spannte der Haunreuter ein, und dahin ging's zum Notar. Noch am Abend dieses Tages war der Höniggruber Bertl gesetzlicher Eigentümer des Haunreuterhofes mit allen Rechten und Liegenschaften.

Er hatte die Probe bestanden!

Nun werkt der Bertl, von allen Vettern angefeindet, von allen Basen verlästert, als wohlbestallter Hofbauer auf dem Haunreutergute, und die Alten sitzen im Austrag und schauen zu, wie der Neue wirtschaftet.

»Was ist's denn nachher mit deiner reichen Brauerstochter?« fragen ihn die Alten eines Tages.

»Grad so viel«, erwidert Bertl hämisch«, wie mit euren Schulden, die mir der Großknecht hat weismachen wollen.«

»Ah so!« schnappt der Haunreuter.

»Ah so!« schnippt die Haunreuterin.

Sie ließen den Bertl stehen und gingen in ihr Stübchen. Dort ließ die Haunreuterin ihren Alten zornig an:

»Hab ich's nicht von Anfang an gesagt, daß er ein rechter Duckmäuser ist, der's faustdick hinter den Ohren hat? So ein Schwindel! Jetzt geben wir ihm den Hof, weil es geheißen hat, daß ihm so eine reiche Hochzeiterin zur Seite steht. Und auf einmal ist hinten und vorn nichts wahr. Da möchte man doch gleich aus der Haut fahren. Da sind wir schön eingegangen mit deiner saudummen Probe, deiner saudummen!«

»Reg dich nicht auf, Alte. Der Bertl ist schon recht. Er regiert den Hof richtig und gibt uns unser Sach, wie es sich gehört. Und daß er noch schlauer war wie wir, das freut mich eigentlich. Denn er hat die Probe glänzend bestanden!«

Der Tod in den Wellen

Stockfinster ist's, und d' Mitternacht schon längst vorüber, da torkelt der Hofbauer von Reut vom Wirtshaus heim. Kein Stern is am Himmel, aber dafür der Hofbauer »sternvoll« Rausch. Wird aber alleweil nüchterner, je näher er zu sei'm Hof kommt. Denn d' Hofbäuerin, sein Weib, raucht kein' Guten ...

Herrgott, wenn i nur jatzt drinn' waar! denkt sich der Hofbauer und probiert's schön stad, ob er d' Haustür net aufbringt. Aber d' Hofbäuerin hat 'n schon g'hört, wie er über d'Gred trampelt ist.

»Bist d' da, du Malefizlump, du miserabliger?«

Aha!

»Bitt gar schön, Bäuerin, mach mir doch auf!«

»Was? Aufmach'n?«

»Bitt gar schön!«

»Du kommst mir net rein!«

»Bäuerin, wenn aber a G'witter kommt?«

»Derschlagen soll's di'!«

Jetzt so was! Derschlag'n! Na, das ist ja frei a Frevel! Ganz aus der Weis'!

»Braucht's net!« sagt der Hofbauer feierlich, »braucht's net, daß mi' 's Wetter derschlagt. Gar net aa! Wenn du a so g'stellt bist, nacha kann i mir selber aa was antun. Verstehst mi? Aber des sag i' dir: Kränken wird's di' deiner Lebtag. Drum frag' i' di' jetzt 's letzt' Mal: Machst mir gutwillig auf oder net?«

»Na!«

»Gut. Dann ertränk ich mich im Hofweiher!« sagt der Bauer hochdeutsch, um seinen Worten mehr Würde und Wirkung zu geben.

»Du tränkst di' net im Hofweiher!« hört er die Ehegewaltige noch. »Leicht dersaufst amal im Maßkrug.«

Der Hofbauer poltert wortlos über die Gred und stolpert über einen Hackstock. Hopla! Da kommt ihm ein Gedanke ... Und eine Weile darauf tut es im Hofweiher einen Mordsplumpser, und ein Schrei durchgellt die nächtliche Stille: »Aus is's!«

Darnach ist's mäuserlstad.

D' Bäuerin richt't sich im Bett auf, lust a Zeitlang und macht 's Fenster auf.

»Hofbauer!«

Nix ist's. Wie d' Hofbäuerin zum Weiher hinkommt und mit der Latern dreinleucht't, gibt's ihr an Stich ins Herz. Denn da schwimmt dem Hofbauer seine Joppen, sein Hut – und dort lugt an finsters Trumm aus'm Wasser wie a Arm oder a Hax'n vom Hofbauer. Und seine Schuh' steh'n am Ablaß, dort, wo's Wasser am tiefsten ist.

»Jessmarandjosef! Der Hofbauer hat si' ertränkt!«

D' Hofbäuerin fallt hin und is selber wie tot vor Schreck. A paar Minuten drauf kommen Dienstboten und Nachbarsleut daher.

»'tränkt hat er sich«, sagt der Oberknecht vom Hofbauern. »Der Herr gib eahm die ewige Ruah!«

Da springt d' Unterdirn daher, kasweiß im G'sicht und schreit, wie wenn's a Messer im Leib hätt': »Aus is's! Der Hofbauer hat mi' angwaitzt, wie'r i' vom Kammerl raus bi'!«

»Des glaub' i' schon«, sagt der Dürnhuber, »die G'hänkten und die Tränkten müssen allemal waizen.«

D' Hofbäuerin seufzt und jammert, und d' Dorfleut' suchen den Weiher ab. In ihrer Angst vor dem Toten wankt die Bäuerin in die Stub'n: aber kaum sitzt s' a paar Augenblick' am Tisch, da is's ihr grad', als wenn der Hofbauer leibhaftig vor ihr stünd'. A Schrei und a Satz – und draußen is s' wieder am Weiher. Und hinter ihr drein ist ein

Spektakel, als ob sieben junge Teufel Hochzeit hätten. Brrr!

»G'fehlt is's!« schreit die Bäuerin. »Der Hofbauer geht um! Lauft 's g'schwind um den Herrn Pfarrer!«

»Gelt, es ist wahr«, triumphiert jetzt die Unterdirn. Und jedem lauft's kalt über'n Buckel.

»Aberglaube!« sagt der Schulg'hilf überlegen.

»I glaub's aa net«, sagt der Bäcker Wastl, der lauter so neumodische Bücher liest. »Die Gespenster sind schon längst abgeschafft. Seit dem finstern Mittelalter. Und überhaupt gibt's keine.«

Aber kaum hat er des gesagt, gibt's ihm an Riß, daß er bald umg'flogen wär. Denn im Schlafkammerl vom Hofbauern sehen s' auf einmal ein Licht. Und z'erst is's ganze Haus stockfinster g'wesen. A jeder sieht das Licht, und an jeden steh'n d' Haar zu Berg.

Nacha is's Licht wieder verschwunden.

»Seht ihr's, ihr zwei Siebeng'scheiten?« sagt der Dürnhuber zum Schulg'hilfen und zum Bäcker Wastl. »Wer waizt denn nacha?«

»I net«, sagt der Bäcker Wastl und is stad.

So wird's nach und nach hell, und 's ganze Dorf steht um den Weiher, aber den Hofbauer ham s' net gefunden. Bloß seine Joppen und sein Huat ham s' rausg'fischt und zu die Schuh am Ablaß g'stellt. Ins Haus hat sich aber niemand getraut. Denn da »geht der Hofbauer um«!

In aller Früh kommt auch gleich d' Gerichtskommission, um die 's Postfräulein telephoniert hat, daher. Und d' Sucherei ist von vorn ang'gangen, und 'n Weiher ham s' ablassen, aber an Hofbauern ham s' net g'funden, sondern bloß an Holzstock und alts Graffel, des man so in an Weiher wirft.

»Ein seltsamer Fall«, sagt der Gerichtsherr.

»Des hab ich auch gesagt«, sagt der Bäcker Wastl, der Siebeng'scheit'. Der Herr Pfarrer schüttelt den Kopf. D'

Gendarm striegeln noch a Weil' diensteifrig im Weiherschlamm umanand, aber der Leichnam vom Hofbauer is' net z' finden.

»Nichts zu machen«, sagt der vom Gericht.

»I moan aa net«, sagt der Bäcker Wastl.

Und wie s' alle schau'n und schau'n, schlagt's vom Kirchturm zehn Uhr vormittags.

Da hörn's auf einmal d' Haustür gehen, und der Hofbauer steht in seiner ganzen Läng am Wassergrand, reibt sich d'Augen und wascht sich.

Da sieht er den Haufen Leut auf der Hofwiesen, die ihm das schöne Grummet vertreten.

»Des is sauber«, sagt der Hofbauer. »Des mag i, wenn das schöne Gras hin ist. Wer hat enk denn erlaubt?«

Die Leut schau'n und schau'n.

»Was gibt's denn da eigentli?« sagt der Hofbauer wieder und nähert sich der Gruppe.

»Der Hofbauer hat sich gestern 'tränkt!« sagt a kleiner Bub aus am fremden Dorf, weil's den Einheimischen d' Red' verschlagen hat.

»Der Hofbauer?« sagt der Hofbauer. »Der Hofbauer – des bin i! Da müßt i aa was wissen.«

»Ja, was schaut's denn a so?« schreit er dann ganz wild, weil keiner a Wörtl sagt. »Bin i narrisch, oder seid's ös narrisch? Bin i der Hofbauer, oder seid's ös der Hofbauer? Wer hat enk denn überhaupts a Recht geb'n, auf meiner Hofwies'n, daß 's ganze Grummet hin is? Wo is denn eigentli' d' Bäuerin?«

»Da is s'!« sagt der Bäcker Wastl.

»Zum Donnerwetter! Was soll denn eigentlich die Komödie?« ruft der Gerichtsherr. »Sind Sie der Hofbauer, oder sind Sie's nicht?«

»Jawoi, i bin der Hofbauer! Wer sollt' i denn nacha sei'«
»Sie sind aber heute nacht gegen ein Uhr freiwillig in den

Tod gegangen. Hier sind die Beweise: Rock, Schuhe, Hut!«

Jetzt ist das Verwundern am Hofbauer.

»I?« sagt er und besinnt sich a Weil', wie einer, der nach einem Mordsbrand alles verschlafen hat. Nach und nach geht ihm ein Licht auf, so groß wie die Bogenlampen im Schöffbräusaal. Und er fangt zu erzählen an, wie ihn gestern sei' Alte nicht ins Haus gelassen, wie er g'sagt hat, daß er sich ertränkt, und wie er nachher statt seiner den Hackstock ins Wasser g'worfen hat und g'schrien hat. Und wie er nachher ins Bett is.

Und da geht jedem a Bogenlampn auf, so groß wie die im Schöffbräusaal und noch größer, besonders dem Bäcker Wastl, der 's Lachen anhebt. Und einer nach dem andern fangt 's Lachen an, auch der Gerichtsherr.

»Da muß ich schon um mildernde Umständ bitten«, sagt der Hofbauer, »weil i wirkli' nix woaß, daß i mi' 'tränkt hätt. Überhaupts hätt i's net im Sinn, solang's noch a Bier gibt. Und weil's so guat ausganga is', lad i enk alli ein auf a Maß zum Schöffbräu, und der Bäcker Wastl muß a Red' halten über meinen schönen Tod in den Wellen. A so a Gaudi!«

Die Liesl

Sonntagnachmittag. Die Haunreuterischen sitzen in der Stube, der Vater, die Mutter und die Urschl, die einzige Tochter. Der Vater hat seine Maß Bier vor sich, die Mutter einen Topf voll Kaffee, die Tochter ihr Häkelzeug. Sie häkelt Vorhänge für die Aussteuer. Wenn Bauerndirndln Vorhänge und andere Sachen, die nicht gerade notwendig sind, häkeln und herrichten, dann wissen die Eltern, daß das Herz des lieben Kindes gesprochen hat und heimlich einen Hochzeiter darin verwahrt. Bei der Urschl merken die Eltern diesen Fall auch daran, daß sie seit dem letzten Veteranenball nicht mehr so viel ißt wie füher und alle Augenblicke in ein anderes Loch starrt. Auch wird sie bald rot, bald blaß im Gesicht, und wenn man sie anredet, gibt sie verkehrte Antworten, wenn sie überhaupt etwas sagt.

Die Haunreutereltern haben jetzt schon alle Tage ausgeschaut, ob der Hochzeiter nicht bald kommt. Wer es ist, wissen sie noch nicht. Daß sich die Urschl, ein blutsauberes Dirndl, nicht den nächstbesten Lalli ausgesucht hat, das können sie sich auch denken. Denn sie ist wirklich geschickt, die Urschl, und Hochzeiter könnte sie mehr als genug haben, wenn sie ihr gut genug wären. So wählerisch ist die Urschl, daß ihr's schon Mädel und Buben prophezeit haben: »Urschl, Urschl, paß auf, daß du nicht ein Körbl zu viel austeilst.« Die Urschl hat immer nur gelacht zu solchen Reden. An der Urschl hängt ein großer Bauernhof mit mehr als zweihundert Tagwerk Grund. Und wer das Dirndl einmal erwischt, muß auch den Bauernhof mitnehmen. Wird aber nicht das größte Unglück sein, so ein Gut im schönsten Grund.

Der Haunreutervater trinkt seinen Maßkrug aus und sagt: »Jetzt wär's uns schon bald recht, wenn ein Bauer auf den Hof käm', Urschl. Denn die Mutter und ich werden alle Tag' älter ...«

»Wahr ist's, sagt die Haunreuterin, »wenn's ein richtiges Mannsbild ist, können wir alle Tage übergeben, lieber heut als morgen, damit wir einmal in die Ruh kommen auf unsere alten Tag'.«

»Auf dem Veteranenball hast die meisten Mal mit dem Berghamer Beni tanzt«, fährt der Vater weiter. »Der wär mir gar nicht zuwider.«

Die Urschl wird feuerrot, packt ihr Häkelzeug zusammen und geht damit in ihr Stübl, wie's Brauch ist bei solchen Reden. Die Alten wissen jetzt schon, wieviel es geschlagen hat: der Berghamer Beni ist der Hochzeiter.

»Ich wünsch mir gar keinen andern«, sagt der Vater, wie das Mädchen aus der Stube ist, und schenkt sich eine frische Maß ein. »Ein Ausbund von Bravheit ist der Beni. So einen Schwiegersohn schätz ich mir als eine Ehre. Respekt vor der Urschl!«

»Ja, gut hat's gewählt, 's Dirndl. Ich wüßt mir gar keinen besseren Burschen in drei Pfarreien rundum wie den Beni«, meint die Mutter.

»Ich kann nur sagen: Respekt! Und wieder Respekt!«

»Es könnt nicht besser stimmen ... So ein Glück!«

Wenn man den Esel nennt, kommt er gerennt, sagt ein Sprichwort. Diesmal ist's freilich kein Esel, sondern der Berghamer Beni. Das Hoftürl geht, der Hund schlägt an, und die Haunreuterischen recken die Hälse. Ha, er ist's wahrhaftig, der Beni. Sie geleiten ihn mit allen Ehren in die Stube. Dann reden sie eine Weile vom Wetter, dann von den Kälberkühen, dann von den Getreidepreisen, wie's halt Brauch ist. Man weiß ja im vorhinein schon, was man einander sagen will, und das Jawort holt man sich so zwischenhinein.

»Uns bist nicht zuwider«, sagt der Haunreuter. »Mußt

halt mit der Urschl auch reden. Im Stübl ist s' hinten.« Der Beni redet mit der Urschl, wie's halt Brauch ist, und weil die auch nichts dawider hat, kann in vier Wochen schon Hochzeit sein.

Wie's Brauch ist, werden der Beni und die Urschl am nächsten Sonntag schon von der Kanzel verkündet. Und wie's wieder Brauch ist, gibt der Beni als Vorstand des Burschenvereins seinen Kameraden einen Abschiedstrunk beim Kirchenwirt, weil er ja jetzt vom ledigen in den gebundenen Stand tritt.

Bei diesem Trunk ist auch der Haunreuter-Häuselmann zufällig zugegen, weil er seine Tochter besucht hat, die beim Kirchenwirt Küchenmagd ist. Und da wird er Ohrenzeuge eines Gespräches, das der Beni mit einem Kameraden führt, ein Gespräch, das die ganze Heiraterei über den Haufen werfen kann. Jedenfalls hält es der Häuselmann für seine Pflicht, den Haunreuter, seinen Dienstherrn und Brotgeber, zu warnen, bevor er seine Tochter ins größte Unglück rennen läßt.

Wie der Häuselmann in die Bauernstube kommt, sitzt der Haunreuter wieder vor seinem Maßkrug und die Haunreuterin vor ihrem Topf Kaffee. Die Urschl ist nicht daheim, weil sie ihre Schwiegereltern besuchen gegangen ist, wie's halt Brauch ist.

»So, Häuselmann!« ruft der Haunreuter dem Eintretenden entgegen, »jetzt wirst dich halt beim neuen Bauern einstiften müssen. Wir geben über. Wirst es ja gehört haben heut in der Kirchen ...«

»Derweilen ist er noch nicht Bauer, der Beni«, sagt der Häuselmann und läßt sich auf einen Stuhl nieder.

»Was sagst?« poltert der Haunreuter auf.

»Was gibt's denn?« fragt die Haunreuterin erschrokken.

»Ich will nichts gesagt haben«, meint der Häuselmann

ruhig, »aber sagen muß ich euch's doch, was ich heut g'hört hab von dem Beni beim Kirchenwirt ...«

»Leutg'schwätz! Das weiß man so, wenn zwei in der Heirat sind, dann wirft ihnen der Neid Dreck vor die Füß.«

»Ja, wenn's nicht der Beni selber gesagt hätt und wenn ich's nicht in die eigenen Ohren hineingehört hätt, nachher gäb ich auch nichts drum um das Geschwätz. Aber so liegt die Sach ganz anders ...«

»Was ist's denn nachher?« drängt der Bauer.

»Es muß sich um ein Weibsbild handeln, das der Beni heimlich auf der Seiten hat. Ja, die will er sogar auf den Hof herbringen, wenn er heiratet, denn ich hab's selber gehört, wie er zum Weißpichler gesagt hat: D' Liesl, hat er g'sagt, die laß ich nicht hint. Fünf Jahr hab ich's jetzt g'habt, und so gut und treu ist sie alleweil g'wesen, daß 's eine Schande wär für mich, wenn ich sie nicht mitnähm auf den Haunreuter Hof.«

»Das hat er gesagt?!« braust der Haunreuter auf.

»Ja, das hat er gesagt!« bestätigt der Häuselmann.

»Da bleibt ja die Welt steh'n!« jammert der Haunreuter schreckensbleich. »Aber wart nur, du Lump, du feiner Beni! Du kommst mir nicht vor! Heut geh ich noch zum Pfarrer und mach die Heirat rückgängig. Und erwischen wenn ich ihn tu, den Beni! Die Ohrwaschel schneid ich ihm ab, alle zwei, und steck s' ihm in sein Todsündenmaul, daß er erstickt daran ...«

»Ist nicht wahr«, findet jetzt die Haunreuterin das Wort wieder. »Gerade du bist es gewesen, der einen Respekt hin und einen her gehabt hat für den Beni. Du hättest ihn am liebsten selber noch geheiratet, so närrisch bist gewesen damit ...«

»Wenn man nichts weiß!« poltert der Haunreuter. »Aber wart nur, Bürscherl, wir kommen schon noch zusammen ...«

»Ich will nichts gesagt haben«, läßt sich der Häuselmann wieder hören, »aber das muß ich auch noch sagen, was ich weiter g'hört hab vom Beni. Seiner Red nach muß noch ein zweites Frauenzimmer da sein, die muß Fanny heißen, weil er zum Weißpichler gesagt hat: Die Fanny, hat er g'sagt, die laß ich hint, die ist mir schon zu alt. Mit der tät ich keine Ehr mehr einlegen bei meiner Hochzeiterin. Aber auch sie ist recht lieb und treu, die Fanny, und ein Junges hat sie, das laß ich mir nachkommen, wenn's aus dem Gröbsten heraus ist.«

»Höher geht's wirklich nimmer!« braust der Haunreuter heraus. »Aber da paß auf, Beni, wie deine Heirat ausfällt. Da wirst schauen mit deinen Salzbüchselaugen, deinen scheinheiligen ...«

»Ist das alles wahr?« fragt die Haunreuterin den Häuselmann auf sein Gewissen.

»Ich kann's nicht anders sagen, als wie ich's vom Beni selber g'hört hab.«

Der Haunreuter hat sich schon in den Sonntagsstaat geworfen und holt einen Stecken vom Herdgestänge, den er ein paarmal grimmig durch die Luft sausen läßt. »So«, sagt er, »jetzt geh' ich ins Hochzeitladen zum Herrn Hochwürden. Und der Beni wenn mir wo untersteht, nachher ...«

Wie die Urschl von ihrem Besuch bei den Berghamerischen, ihren künftigen Schwiegereltern, heimkommt, findet sie die Mutter still und wortkarg am Herde schaffen. In ihrer Herzensfreude fällt ihr das veränderte Wesen der Mutter und die Abwesenheit des Vaters gar nicht auf. Der Empfang bei ihren Schwiegereltern, erzählt sie, war weit schöner und herzlicher, als es sonst der Brauch ist bei Heiratsleuten, und sie hat deutlich gemerkt, wie gern man sie hat. Die Berghamermutter hat ihr auch das Pferd schon gezeigt, das der Beni zum Heiratsgut hinzu noch mitbekommt; Liesl heißt es, ein so liebes, treues Tier, mit dem der Beni fünf Jahre fuhrwerkt. Und noch ein Pferd ist da, das auch dem Beni gehört, aber schon älter, und heißt Fanny. Von der ist ein Junges da, ein allerliebstes Schimmelchen, das der Beni später auf den Hof herüberholen will, wenn es einmal größer ist. »Und der Beni hat mich mit den Tieren überraschen wollen; er will sie mir am Hochzeitstag schenken . . .«

»Pferd sind's?« strudelt die Haunreuterin heraus.

»Ja, Pferd!« wundert sich die Urschl.

»Und wie heißen sie?«

»Liesl und Fanny . . .«

Was nur die Mutter hat, wundert sich die Urschl. Denn die Haunreuterin läßt Ofenzange und Herdringe in den Trankeimer fallen und stürmt zur Tür hinaus, dem Inhäusl zu.

»Du Rindvieh!« schreit sie dort dem Häuselmann durchs Fenster. »D' Liesl und d' Fanny sind keine Frauenzimmer, sondern dem Beni seine Gäul, die ihm selber gehören. Jetzt springst, was du springen kannst, dem Bauern nach in den Pfarrhof!«

Und der Häuselmann rennt wie ein Wiesel.

»D' Liesl und d' Fanny sind dem Beni seine Pferd, keine Frauenzimmer!« schreit er in die Pfarrstube, wo der Haunreuter auf dem Kanapee sitzt neben dem Herrn Hochwürden.

»Jetzt ist der Irrtum ja aufgeklärt«, meint der Pfarrer. »Beruhige dich, Haunreuter!«

»So, Pferd sind's, dem Beni seine Pferd'«, dehnt der hinaus. »Allen Respekt vor dem Beni! Ich hab' mir's ja gleich gedacht, daß die Sach nicht stimmen kann, wie's der Häuselmann erzählt hat. Jetzt ist alles wieder recht, Hochwürden, und in drei Wochen ist nachher Hochzeit . . . Respekt vor dem Beni! Allen Respekt!«

Die Brautschau

Der Zocher Ferdl von Zochering ist der geborene Bauer. Kein Wunder: Die Zocher von Zochering sind ja nie etwas anderes gewesen als Landwirte auf der urvererbten Scholle, die seit der Landnahme vor über tausend Jahren nie einen andern Betreuer hatte als eben einen Zocher, die dem angestammten Väterhofe auch den Namen gaben, der wie ein Adelstitel klingt: Zocher von Zochering.

Da aber nach Landesbrauch von den Nachfahren der Ursippe immer nur einer den ungeteilten Hof übernehmen konnte, blieb für die weiteren Söhne keine andere Wahl, als eben auf andere Höfe auszuheiraten.

In dieser Lage befand sich auch der jüngste Zochersohn, der quicklebendige Ferdl, der sich als echter Zocher schon von Kindesbeinen an dem Bauerntum verschrieben hatte.

Obwohl er ein strammer Jungmann war, dem die Landestöchter verliebte Blicke zuwarfen, hielt er sich von allen Dummheiten fern, die bei Leuten seines Alters gang und gäbe sind. Für solche Flausen hatte der Ferdl weder Lust noch Zeit. Seine ganze Liebe gehörte der Landwirtschaft und dem bäuerlichen Fortschritt, den er nach den neuesten Erkenntnissen eifrigst betätigte.

Was er in der Landwirtschaftsschule gelernt hatte, erprobte er im elterlichen Betrieb. Wo er einen Musterhof wußte, tat er sich um, weil er sich mit Recht sagte, daß man am praktischen Beispiel am meisten lernt. So schärfte er seinen Blick für die wesentlichen Werte des Bauerntums, und das waren für den Ferdl die Sachwerte, die dem Boden abzugewinnen waren mit den neumodischen Hilfsmitteln, von denen die Alten noch nichts wußten: Mähweiden, Bodengare, Thomasphosphat, Sortenwechsel, Fruchtfolge und die verschiedenen Landmaschinen, ohne die ein neuzeitlicher Betrieb nicht mehr auskommen kann.

Wenn seine Altersgenossen an Sonntagnachmittagen mit ihren Stahlrössern ins Kino oder auf eine sonstige Lustbarkeit brausten, saß der Ferdl daheim in der Bauernstube und übte sich an der Schreibmaschine, die er sich zugelegt hatte. Denn er sagte sich mit Recht, daß es bei den Behörden einen viel besseren Eindruck macht, wenn er seine Eingaben in Maschinenschrift vorlegen kann.

Am liebsten liest der Ferdl an Sonntagnachmittagen das Landwirtschaftliche Wochenblatt. Da studiert er vor allem die Fachartikel, mit denen er sein berufliches Wissen mehrt. Aber auch dem Anzeigenteil widmet er seine volle Aufmerksamkeit.

In jüngster Zeit fesseln ihn sogar die Heiratsanzeigen, die er früher kaum beachtet hat. Denn jetzt ist der Ferdl so weit, daß er ans Heiraten denkt, um zu einem eigenen Hof zu kommen, den er nach Herzenslust bewirtschaften kann. Zwar hätte er schon öfter Gelegenheit gehabt, in passende Höfe einzuheiraten, aber er hat sich immer gesagt:

Pressieren tut gar nichts. Kommt Zeit, kommt Rat, bis mir der richtige Hof untersteht. Und jetzt ist es so weit. Und der Ferdl liest:

»Gutsbesitzerstocher 25/172, nicht unhübsch, natürliches Wesen, gutmütig, mit tadelloser Vergangenheit, bietet strebsamem Landwirt Einheirat in Gutshof von mehr als 60 Hektar Grund usw., sämtlichen neuzeitlichen Maschinen, Vermögen nicht erforderlich, da nur gegenseitige Herzensneigung entscheidet. Vertrauliche Zuschriften erbittet Jakob Langrainer, Gutsbesitzer. Diskretion Ehrensache.«

Der Ferdl liest die Anzeige zweimal, dann sagt er sich mit seinem durch Erfahrung geschärften Blick für landwirtschaftliche Sachwerte: Mehr als 60 Hektar, das läßt sich hören. Das ist einmal etwas anderes als unsere Pemperlbauern hier, die mit ihren 20 oder 30 Hektar schon dahersteigen wie der Gockel auf dem Mist. Dieser Gutshof muß her, so wahr ich der Zocher Ferdl bin! Und damit ihm kein anderer Bewerber zuvorkommt, setzt er sich sogleich an seine Schreibmaschine und tippt einen Brief an den Herrn Jakob Langrainer, in dem er den Vater seiner zukünftigen Hochzeiterin vermutet:

»Sehr geehrter Herr Langrainer! Die Anzeige betreffs Einheirat in den Gutshof mit mehr als 60 Hektar Grund interessiert mich sehr und findet meinen vollsten Beifall, indem ich mir mit Recht sage, ich bin der einzige Mann, der als Hochzeiter für diesen Gutshof in Frage kommt. Die Hauptbedingung, die von dort gestellt wird, nämlich die Herzensneigung, erfülle ich in vollstem Maße. Denn als ich die Anzeige las, war ich schon Feuer und Flamme für diesen Hof. Auch die übrigen Verhältnisse stimmen. Ich bin 31 Jahre alt, mit tadelloser Vergangenheit, die nur meiner beruflichen Fortbildung gewidmet war. Ich bin in sämtlichen Sparten der Landwirtschaft vollkommen perfekt und garantiere Ihnen, daß diesen Gutshof keiner so schmeißen kann wie ich. Da man das Eisen schmieden muß, so lange es warm ist, mache ich Ihnen zu wissen, daß ich nächsten Sonntagnachmittag bei Ihnen eintreffen werde. Dann alles Weitere mündlich. Ich hoffe sehr, daß alles recht wird, wie es mein innigster Herzenswunsch ist. Mit vorzüglicher Hochachtung Ihr ergebenster Ferdinand Zocher.«

Der Ferdl ist seiner Sache so sicher, daß er aus seinem Vorhaben wegen dieses Gutshofes gar kein Hehl macht. Er vertraut sich großspurig seiner Mutter an, die ihm wohlmeinend rät, sich alles wohl zu überlegen, denn Heiraten ist nicht Kappentauschen, und im Ehestand kommt so manches daher, was man vorher nicht richtig bedacht hat.

»Keine Spur!« wehrt der Ferdl hochgemut ab. »Was soll da schon daherkommen? Bei einem solchen Gutshof mit mehr als sechzig Hektar Grund? Das wär ja gelacht, wenn man sich da etwas über die Leber laufen ließe!«

Also rattert der Ferdl am nächsten Sonntag mit seinem Motorrad lustig los nach Sinzenkofen zum beschriebenen Gutshof, den er sich von einem Einheimischen zeigen läßt. Wie erstaunt ist aber der Ferdl, als ihn der Einheimische fragt:

»Bist du etwa gar der Zocher Ferdinand von Zochering?«

»Akkurat der!« gesteht der Ferdl verwundert. »Aber wie kannst du das schmecken?«

»Weil ich der Jakob Langrainer bin, dem du vor acht Tagen geschrieben hast wegen der Einheirat. Dem Beschrieb nach hab ich dich gleich erkannt. Kommst wohl auf Beschau?«

»Wenn es dir recht ist, möcht ich mir den Betrieb gern anschauen. Du bist gewiß der Herr Vater von der zukünftigen Hochzeiterin!«

»Das heißt man Leut ausfragen«, lächelt der Altbauer. »Du weißt ja aus der Anzeige: Diskretion Ehrensache.«

»Ist mir schon etwa einer zuvorgekommen?« stottert der Ferdl in jähem Erschrecken. Das ginge ihm gerade noch ab, daß er das Nachsehen hätte.

»Bis jetzt ist noch keiner gekommen«, bescheidet der Altbauer, »obwohl ich viele Zuschriften bekommen habe. Denn solch ein Gutshof sticht eben so manchem in die Augen, der nicht einmal Bauer ist. Du bist der erste, der sich sehen läßt, und wie mir scheint, auch der Richtige. Denn ich hab mich über dich erkundigt, wie ein sorglicher Brautvater in solchem Falle tun muß. Aber zu deiner Ehre und meiner Freude kann ich dir sagen, daß dir die amtliche Stelle, an die ich die Anfrage richtete, das beste Zeugnis ausgestellt hat. Lob um Lob in jeder Hinsicht. Ich könnte mir wirklich keinen besseren Schwiegersohn und Gutsnachfolger wünschen. Nun fragt es sich noch, ob du selber den gleichen

Wunsch hast. Drum will ich dir jetzt den ganzen Besitz zeigen!«

Das Gut ist so umfangreich, daß es Abend wird, bis Ferdl alles gesehen hat. Aber er ist so hochbefriedigt über den Viehstand und die Felderwirtschaft, daß er immer wieder versichert: »Lieber Schwiegervater, wenn ich schon so sagen darf, mir gefällt alles so gut, daß ich mich vor Herzensneigung gar nicht mehr auskenne.«

»Nun so komm doch in die Stube zu einem kleinen Imbiß!«

»Nein«, wehrt der Ferdl dankend ab. »Ich muß gleich heimfahren, damit ich nicht in die Nacht komme.«

»Wie du willst«, wundert sich der Altbauer und verabschiedet sich von dem sonderbaren Brautwerber, der eilig davonfährt, ohne die Hoferbin gesehen oder gar begrüßt zu haben.

Daß diese selbst ihn vom Fenster aus schon heimlich beobachtet und begutachtet hat, als er mit dem Vater über den Hof zu den Ställen ging, und ihren vollen Beifall mitsamt der entscheidenden Herzensneigung gefunden hat, ist ihr Geheimnis, von dem der Ferdl nichts weiß.

Wie der Ferdl dann spät abends heimkommt, ist die erste Frage seiner Mutter: »Nun, wie schaut sie denn aus, deine zukünftige Braut?«

»Die?« stottert der Ferdl in höchster Verlegenheit. »Die hab' ich gar nicht gesehen!«

Die Mutter schlägt die Hände über dem Kopf zusammen und staunt: »Jetzt fährt der Lalli auf Brautschau und sieht sich nicht einmal die Braut an! Du bist ja wirklich ein richtiger Zocher!«

Der Ferdl sieht jetzt selber ein, daß er bei dieser Brautschau einen Fehler gemacht hat. Deshalb setzt er sich an die Schreibmaschine und klappert einen Brief herunter. Der lautet:

»Sehr geehrtes Fräulein! Liebwerte Hochzeiterin! Leider ist mir bei meiner heutigen Gutsbeschau die Zeit zu kurz geworden, so daß ich nicht mehr die Ehre hatte, Sie bewundern zu dürfen. Infolgedessen komme ich nächsten Sonntag eigens zu Ihnen, damit wir uns auch persönlich kennen und lieben lernen können. Die Herzensneigung zu Ihnen ist aber jetzt schon im höchsten Maße bei mir vorhanden. Wenn das auch bei Ihnen der Fall ist, dann steht unserm Lebensglück nichts mehr im Wege. Mit dem Ausdruck der vorzüglichsten Hochachtung und Verehrung Ihr treuergebener, herzlieber Ferdinand Zocher.«

Am nächsten Sonntag hat dann die Brautschau richtig geklappt.

Seit mehr als zwei Jahren ist der Ferdl hochangesehener, vorbildlich schaffender Besitzer des Hofgutes mit mehr als 60 Hektar.

Die beiderseitige Herzensneigung zwischen den jungen Leuten ist bereits sichtbar geworden in einem Paar pausbäkkiger Zwillinge.

»Echte Zocher!« behauptet der Ferdl.

»Jawohl«, sagt seine Mutter, den Stolz des Sohnes dämpfend, »hoffentlich werden es keine Leimsieder, wie du einer warst, als du auf Brautschau gingst!«

Der Ochsenhandel

Der Röhrmoser hat ein Paar Mastochsen im Stall, zwei schöne Schecken, gut angefleischt mit Altheu und Bruchhafer, im Gesamtgewicht von etwa fünfunddreißig Zentnern. Billiger tut's der Röhrmoser nicht.

Die sind schlachtreif und können jeden Tag gehen.

Der Viehhändler Knoblmüller hat zwei abgefeimte Schmuser, den Raunzer und den Zurken, die ihm jedes Stück Vieh verraten, das irgendwo in einem Bauernstall steht.

Eines Morgens zur Futterweile steht der Röhrmoser vor seinen Schecken und tätschelt sie wie ein verliebter Gispel seine Hochzeiterin.

Mittendrin steht der Zurk vor den Ochsen, patscht ihnen die Flanken, drückt mit dem Daumen aufs »Hungerloch«, greift ihnen den »Fahn« und klaftert sie vom Bauch zum Bug.

»Die Schlechtesten sind's grad nicht«, lautet sein Urteil. »Aber die Schönsten auch nicht. Hast schon schwerere Stückl im Stall gehabt, Röhrmoser!«

»Was sollen sie denn nachher kosten?« ruft von der Stalltüre her der Raunzer wie plötzlich hergezaubert.

Bevor der Röhrmoser den Mund auftun kann, prustet auch der Knoblmüller schon daher und tut, als ob er die zwei Kunden gar nicht kennen tät.

»Unter einem Tausender gehen sie mir nicht, die zwei Schecken«, sagt der Röhrmoser.

Der Knoblmüller tut einen Lacher wie über einen hellen Narren, läßt sein spanisches Spazierstöcklein durch die warme Stalluft sausen, knöpft sich den untersten Knopf seines kurzen Spenzers zu, daß die Brieftasche prall vor der Brust steht, schiebt sein Steirerhütl mit dem Gamsbart ins

Genick, deutet mit dem Knauf des Stöckleins an die Stirn, tut noch einmal einen Lacher und geht.

»Tausend Mark«, sagt der Raunzer. »Röhrmoser, diesmal hast dich um gutding dreihundert übertan.« Und geht auch.

Der Röhrmoser steht betroffen zwischen seinen zwei Schecken und breitet schützend seine Hände über sie. Sagt der Zurk und zwinkert mit seinem Einaug, weil das andere ja gläsern ist:

»Röhrmoser, es gibt allerhand Ochsen, große und kleine, blassete und scheckete, feiste und magere. Aber Rindviecher sind sie alle. Und du bist das größte Rindviech, Röhrmoser. Darfst mir's nicht in Übel nehmen, weil ich dir's gut mein! Aber für diesmal hast dir den Knoblmüller schon versprengt. Tausend Mark!«

Auch der Zurk wendet sich zum Gehen.

»Tausend Mark!« tut der Röhrmoser zwischen seinen Schecken wie im Echo.

»Jawohl, tausend Mark. Da kann ich dir nicht schmusen, Röhrmoser.«

»Du – mir schmusen?«

»Ja, ich dir schmusen! Aus alter Freundschaft. Weißt es nimmer, wie dein verstorbener Vater meiner Basl ihre drei Kinder aus der Tauf gehoben hat? Ich sag dir's, Röhrmoser, trau dem Raunzer nicht! Der schmust für den Knoblmüller. Den kenn ich! Trau ihm nicht auf drei Stunden!«

»Was sollen sie denn nachher wert sein, die zwei Schekken?« fragt der Röhrmoser ängstlich und mißtrauisch.

»Verlangst halt einmal neunhundert.«

»Neunhundert? Unter tausend Mark sind mir noch keine Mastochsen aus dem Stall gekommen.«

»Früher, jawohl früher! Aber das waren andere Zeiten damals. Heutzutage hat kein Mensch mehr so viel Geld, bis auf den Knoblmüller. Der hat die ganze Brieftaschen voll neuer Hunderter – Hast es nicht gesehen vorhin, wie sie sich gebauscht haben auf der Brust? Die Finger darfst dir abschlecken, wenn du für die Ochsen achthundert Mark kriegst vom Knoblmüller. Sonst kann's dir passieren, daß dir die zwei Schecken übers Jahr noch im Stall stehen. Ich weiß, was ich weiß!«

»Hm«, tut der Röhrmoser kleinlaut.

»Was sollen sie denn von rechtswegen nachher kosten, die zwei Schecken?« fragt der Röhrmoser.

»Verlangst halt einmal neunhundert«, bescheidet der Zurk wieder. »Zurückgehen kann man alle Mal. Und ein Geld kann man immer brauchen, überhaupts heutzutag. Und der Knoblmüller hat's Geld heut in der Taschen. Hast es nicht gesehen vorhin, wie sich die nagelneuen Hunderter gebauscht haben? Sieben solche Hunderter wären mir schon lieber wie die zwei Schecken da, die dir den ganzen Heustock und den Haberhaufen im Kasten zusammenfressen. Und 's Geld frißt dir nichts. Ich weiß, was ich weiß. Soll ich dir also schmusen oder nicht?«

»Schmust mir halt«, bescheidet der Röhrmoser. Denn es ist wahr, die zwei Schecken werden dem Heustock noch Herr, wenn er sie nicht bald verkaufen kann, und für die Hühner bleibt kein Hafer mehr.

Der Zurk kneift sein Einaug zu, daß das Gläserne wie ein Irrlicht im Stall geistert, nickt bedächtig, patscht die Schecken auf die Flanken und den Röhrmoser auf die Schultern, hüstelt und geht: »Nachher kriegen wir's schon – aber hart wird's gehen, hart.«

Fünf Minuten später steht der Raunzer wieder im Stall, klaftert die Ochsen, greift ihnen den »Fahn«, tupft mit dem Daumen ins Hungerloch, faßt die Wadschenkel, schiebt die Haut an den Rippen zusammen und schätzt das Gewicht:

»Dreißig Zentner können sie haben mitsammen, wenn's gut geht.«

»Unter fünfunddreißig sind mir noch keine Ochsen aus dem Stall gekommen«, brummt der Röhrmoser im verletzten Ehrgefühl.

»Weiß ich«, sagt der Raunzer. »Aber das war früher. Da hat das Futter noch ganz anders ausgegeben wie jetzt. Heutzutag haben die besten Maststückl gutding fünf Zentner Wassergewicht. Die fallen schon weg. Wie die zwei Schecken heut dastehen, haben sie miteinander allerhöchstens zwölf Zentner Fleisch, und wenn ich das Pfund auf ein Fünfzigerl rechne, nachher wiegen sie sechshundert Mark aus. Keinen Heller mehr.«

»Du bist ja ein hellichter Narr!« braust der Zurk auf, der sich inzwischen in den Stall geschlichen hat, und schwingt den Hakelstecken drohend über dem Haupte des Raunzer. »Merk dir's, in tausend Fetzen hau ich dir deinen Kohlrabi, wenn du noch einmal so ein gotteslästerliches Wort sagst. Dreizehn Zentner Fleischgewicht haben die zwei Schecken allemal, und das Pfund Ochsenfleisch kostet sechzig Pfennig, macht siebenhundertachtzig Mark aus, du Bazi, du recht schlechter!«

Der Raunzer tippt nach dem langen Messer angesichts des Hakelsteckens und beschwört den Röhrmoser:

»Tu mir den Zurken weg, Bauer, tu mir den Zurken weg, sonst, ich garantier für nichts!«

»Geh halt weg«, befiehlt der Röhrmoser. »In meinem Stall da bin alleweil noch ich der Herr. Tu deinen Hakelstecken weg, Zurk, und du, Raunzer, schieb das Messer ein!«

Die zwei heuchlerischen Kampfhähne trennen sich unter gegenseitigen Beschimpfungen, verstummen aber sofort, wie der Knoblmüller wieder im Stall erscheint.

»Du«, sagt er zum Röhrmoser, »mach dich fertig, denn ich hab schon telephoniert . . .«

»Telephoniert? Warum denn?« verwundert sich der Röhrmoser mit Recht.

»Ins Narrenhaus, damit dich ein paar handfeste Wärter abholen. Denn wer für zwei solche Schinderkrucken wie die Schecken da tausend Mark verlangt, der gehört ins Narrenhaus.«

»Oder ins Zuchthaus«, ergänzt der Raunzer, »denn das ist ja doch der reinste Wucher.«

Der Zurk aber nimmt den Röhrmoser am Arm und schiebt ihn hinter einen Flankenverschlag, wo er ihm heimlich etwas ins Ohr tuschelt.

Der Knoblmüller und der Raunzer machen sich inzwischen an den zwei Schecken zu schaffen, patschen, greifen, fassen, schätzen und machen sich ihre Rechnung. Der Knobmüller schiebt sein Steirerhütl von der Stirn ins Genick, läßt sein Spazierstöckl pfeifen, spuckt einen ausgerauchten Virginierstummel auf die Stallbruck und zieht dann die Brieftasche heraus.

Jetzt hält er dem Röhrmoser fünf nagelneue Hunderter unter die Nase: »Magst ein Geld oder magst keins?«

»Ein Geld«, sagt der Röhrmoser, »mag ich schon, aber unter tausend Mark ist mir noch kein Mastochsenpaar aus dem Stall gekommen.«

»Weißt denn nicht, daß das Ochsenfleisch jetzt um dreißig Prozent billiger ist wie vorher? Und wenn ich das Wassergewicht rechne, dann sind fünfhundert Mark mehr als genug für die zwei zaundürren Racker. Da verliere ich noch einen Hunderter.«

»Unter tausend Mark«, sagt der Röhrmoser wieder, kriegt aber vom Zurken einen Rippenstoß.

»Depp damischer«, flüstert dort der Zurk. »Verscherz dein Glück nicht! Weißt es wohl: ein kurzer Handel, ein langes Glück. Sag halt einmal achthundert. Zurückgehen kannst allemal noch!«

»Was hast jetzt nachher für ein Gebot?« fragt der Knoblmüller mit den fünf nagelneuen Hundertern.

»Achthundert«, antwortet der Zurk statt des Bauern, der seine Arme wieder schützend über seine Schecken breitet.

»Tu noch zwei Hunderter weg, nachher können wir handeln«, bemerkt der Raunzer.

Der Knoblmüller steht wie eine Bildsäule mit den hingestreckten fünf Hundertern.

Der Röhrmoser krault sich die Haare. »Da kann ich nichts mehr wegtun ...«

Der Zurk aber sucht sich den Virginierstummel, den der Viehhändler vorhin auf den Boden gespuckt hat, und zündet ihn umständlich an.

»Du tust noch fünf Mark hinzu«, legt sich der Raunzer wieder ins Mittel, »und du, Bauer, tust noch zwei Hunderter weg. Nachher kommt ihr zusammen.«

»Ich tu nichts mehr weg«, beharrt der Röhrmoser.

»Ich tu nichts dazu«, bemerkt der Knoblmüller.

Der Zurk packt den Bauern und schiebt ihn wieder hinter den Verschlag.

Der Raunzer winkt den Knoblmüller zur Stalltür hinaus. Nach einer Weile heimlichen Getuschels verkündet der Schmuser des Händlers im Stall: »Also wir tun noch einen Fünfer dazu.«

Statt einer Antwort bläst ihm der Zurk eine Rauchwolke von dem aufgelesenen Virginierstummel ins Gesicht, daß es ihm für eine Weile die Rede verschlägt.

Der Röhrmoser aber steckt seinem Schecken noch einen Büschel Kleeheu in die Raufe – wie zum Abschied. Trotzdem erklärt an seiner Statt der Zurk fest und feierlich: »Wir tun noch drei Mark weg. Aber der Ochsenknecht muß zwei Mark Trinkgeld kriegen.«

So schwankt der Handel hin und her bis gegen Mittag.

Die Partner sind noch um zweihundert Mark auseinander.

Nach kurzer Mittagspause geht das Geplänkel von neuem an.

Der Zurk schiebt den Bauern dutzende Male hinter den Verschlag, der Raunzer lotst den Knoblmüller ebenso oft aus dem Stalle.

Der Teufel soll alle Augenblicke bald den Zurken, bald den Raunzer, bald den Knoblmüller, bald den Röhrmoser holen. Öfter als einmal wird der Hakelstecken drohend geschwungen und das »lange Messer« gezückt.

Zur Vesperzeit haben sie sich bis auf hundert Mark zusammengerauft.

Die Wortschlacht wogt wieder hin und her wie bei den homerischen Helden. Die fürchterlichsten Drohungen erschüttern die stickige Stalluft, daß die Schecken angstvoll aufröhren und die Jungstiere die Schädel einstecken.

Endlich gegen Abend zieht der Zurk die Stalltür zu.

»Jetzt sind sie beisammen. Jetzt wird's ernst«, sagt ein alter Austragsbauer, der als Zuschauer gekommen war und selbst eine Reihe solcher Handelschaften erlebt hat und demgemäß aus Erfahrung spricht.

Die Spannung löst sich. Die Zuschauer atmen auf.

Auf der Stallbruck aber klatschen zwei Hände zusammen.

Der Handel ist abgemacht – nach zwölfstündiger Redeschlacht.

»Fünfhundertachtzig Mark kosten die zwei Schecken«, sagt der Zurk wie zu sich selbst, als er die Stalltür wieder öffnet. »Tausend sind sie unter Brüdern wert. Und ich hab dem Röhrmoser geschmust, weil wir weitschichtig verwandt sind.«

Der Knoblmüller steckt ihm eine Zehnernote in die Tasche und dem Raunzer auch eine, dieweil der Röhrmoser seine Arme wieder wie schützend über seine Schecken breitet. Aber jetzt hilft's nichts mehr. Hin ist hin. Und der Zurk tröstet ihn noch: »Wenn du das Heu verkaufst und den Habern, den dir die Schecken da noch gefressen hätten, dann hast deine tausend Mark und bist gestellt wie ein Reichsgraf. Wie leicht verfüttert man sich bei Mastochsen. Recht hast gehabt, Vetter, daß du ihm die Schekken lassen hast, denn das muß allemal wahr sein: ein kurzer Handel, ein langes Glück. Oder nicht?«

Die saudumme Liab

Der Krennpinkl hat einen Kopf wie Granit und ein Herz wie Eisenbeton, wenn es sein muß.

Die Krennpinklin paßt zu ihrem Bauern und Gebieter wie die Hacke zum Stiel. Wenigstens tut sie so, als ob sie mit ihm in allen Stücken einig ginge. In Wirklichkeit hat sie ihn am Gängelbande, und ihre Weiberlist überwiegt seinen Machtdünkel bei weitem, ohne daß er es merkt. Und wenn er schon meint, mit einem Machtwort seinen Willen durchzusetzen, dann ist es der Wille seiner braven Bäuerin, die die Wildwasser seiner Kernnatur schon, bevor sie zum Durchbruch kamen, auf ihre Mühle zu leiten wußte.

Besonders grimmig ist der Krennpinkl auf die sogenannte Liebe zu sprechen, die in jungen Jahren in den Herzen ahnungsloser Menschenkinder aufzukeimen pflegt, ohne daß sie etwas dafür können, weil sie ungefragt kommt und einfach da ist. Für diese sogenannte Liebe hat der Krennpinkl nur ein verständnisloses Kopfschütteln und eine nicht sehr schmeichelhafte Bezeichnung, nämlich »saudumm«.

Nun hat aber der Krennpinkl ein einziges Dirndl, das saubere Roserl, das einmal den schönen Hof und das bare Geld als Alleinerbin besitzen wird. Was Wunder, wenn der Krennpinkl über dieses Mädchen brütend wacht wie der Drache über dem Schatz?

Und dieses saubere Dirndl, nach dem sich die Bauernburschen von den zehn umliegenden Pfarreien schon von weitem die Finger abschlecken, ist soeben in die Jahre gekommen, wo die »saudumme« Lieb solch ein Herzlein zu befallen pflegt wie die Biene den Blütenkelch.

Es schmeichelt zwar dem Krennpinkl, wenn sich die Burschen nach seinem Dirndl schon von weitem die Finger abschlecken, denn das Dirndl ist ja doch sein eigenes Fleisch und Blut, und die Wertschätzung, die ihm zuteil wird, fällt ja doch letzten Endes auf ihn als den leibhaftigen Vater zurück.

Weil aber an dieser Tochter Haus und Hof und die ganze Zukunft des Krennpinklischen Geblütes hängt, die ihm nicht gleichgültig sein kann als dem derzeit noch verantwortlichen Treuhänder und Machthaber seines Hofwesens, hat er halt allemal, wenn er solche Liebesäußerungen bemerkt, seinen Kopf von Granit und sein Herz von Eisenbeton.

Es darf verraten werden, daß sein so grimmig behüteter Schatz, das saubere Roserl, schon in heller Liebe entbrannt ist, und zwar für den Micherl, einen baumstarken Bauernsohn vom Nachbardorf.

Die Welt weiß es bereits, wie es um das Krennpinkl Roserl und den Micherl steht, aber der Krennpinkl weiß es nicht. Der, wenn er eine Ahnung hätte von dieser »saudummen Lieb«, der wäre imstand und tät sein Dirndl verstoßen und mit Schanden vom Hofe jagen wie der Graf seine Tochter, die ihr Auge auf den Jägersburschen geworfen hat, wie's im Kalender steht.

In diesen Dingen versteht der Krennpinkl keinen Spaß.

Und weil das Roserl ihren Vater in dieser Richtung schon kennt, hat sie ihren Herzallerliebsten schon gewarnt: »Micherl, allerliebster Herzensschatz, o du mein Einziger, laß dir fein nichts anmerken von unserer Lieb, wenn der Vater um die Wege ist. Aus wär's und gefehlt wär's! Tu dir ja die Finger nit abschlecken nach mir wie die andern Trottel und mach auch kein Giermaul her auf mich wie ein Hochzeitshund. Aus wär's mit unserer Lieb!«

Dieser Warnungen eines um seine Liebe bangenden Menschenkindes hätte es gar nicht bedurft; denn der Micherl besaß schon von Natur aus soviel Bauernschläue, daß er sein Herz vor den Augen des Krennpinkl hütete. Und so machte er eine rühmliche Ausnahme. Er schleckte sich die Finger nicht ab, wenn er in Gegenwart des alten Wüterichs in Roserls Nähe kam.

»Respekt!« murmelte der Krennpinkl dann immer in seine Bartstoppeln. »Respekt! Der Micherl ist halt ein Mann! Der weiß nichts von der saudummen Lieb, der saudummen! Na ja, vielleicht kommt auch für dich noch die Zeit, wo du dir die Finger abschlecken darfst, Micherl. Aber nit so wie die andern Maulaffen!«

Der Krennpinkl hat einen Kopf wie Granit und ein Herz wie Eisenbeton, wenn es sein muß.

Und jetzt muß es sein! Denn das Fingerabschlecken ist ihm schon so zuwider jetzt, daß er eines Tages vor seine Weiblichkeit tritt und mit grimmigen Gebärden ein Machtwort spricht: »Daß ihr's wißt, ihr zwei. Jetzt wird geheiratet, aber nit nach der saudummen Lieb, der saudummen, sondern nach meinem Willen! Denn alleweil bin ich noch der Herr, und ich bestimme, wer, wie und was! Nur keine Widerrede, bitt ich mir aus! Ich bin der Krennpinkl, und was ich anschaff, geschieht. Wer hat das Heft in der Hand, ihr oder ich?! Wenn ich einmal sag, geheiratet wird, nachher geschieht's auch, und zwar schon in vier Wochen! Und geheiratet wird der Micherl!«

»Vater!« will das Roserl, das saubere, vor lauter Glückseligkeit aufjubeln, aber der Alte fällt ihr grimmig ins Wort:

»Nichts da ›Vater‹! Ich weiß, was ich will, und was ich sag, das ist gesagt. Ich mag einmal keinen solchen Fingerabschlecker auf meinem Hof. Da müßt ich mich ja im Grab noch umdrehen! Alsdann – der Micherl ist der Hochzeiter, daß ihr's wißt! Und jetzt Schluß! Kein Wörtl will ich mehr hören von euch zwei bis nach der Hochzeit. Da könnt ihr nachher das Maul aufreißen mit eurer saudummen Lieb, mit eurer saudummen!«

Mit einem krachenden Fausthieb auf die Tischplatte beschließt der Krennpinkl seine »Aussprache«.

In vier Wochen ist richtig Hochzeit, die mit allem ländlichen Pomp gefeiert wird.

Beim festlichen Mahl nimmt der Krennpinkl in einer Pause seine Weiblichkeit auf die Seite und meint:

»So, jetzt könnt ihr zwei auch wieder ein Wörtl reden. Jetzt redet!«

»O Vater«, stammelt die glückstahlende Hochzeiterin, »ich kann dir's nit genug danken, daß du mir grad' den Micherl ...«

»Halt's Mäul«, gebietet die Krennpinklin in ihrer Weiberlist, »sonst spannt er was von deiner Lieb.«

»Ich kann nit, Mutter, jetzt darfst es ja wissen, Vater, daß ich mir grad den Micherl als Hochzeiter gewunschen hab, grad ihn und sonst keinen! Tausendmal Dank, Vater!«

»Birnbutzen und Grillhäuserl!« tobt der Brautvater eine Weile. »Gibt's noch ein größeres Rindviech wie ich? Aber von mir aus – schleckts euch die Finger ab, wie ihr wollt, mit eurer Lieb, mit eurer saudummen. Das Machtwort hab doch ich noch gesprochen – und jetzt, Musikanten, blast einen Tusch auf meine Dummheit!«

Alois J. Weichslgartner:

Franz Schrönghamer-Heimdal

Es ist schon ein gutes Dutzend Jahre her, seit uns der Bayerwald-Dichter Franz Schrönghamer-Heimdal am 3. September 1962 im hohen Alter von 81 Jahren für immer verlassen hat. Manche seiner Schriftstellerkollegen, die erst nach ihm gestorben sind, scheinen bereits halb vergessene Vergangenheit zu sein. Schrönghamer aber lebt mit seinen Geschichten auf den Unterhaltungsseiten der Tageszeitungen, in Zeitschriften, Anthologien und Volkskalendern weiter. Überall im deutschen Sprachraum kennt man seinen Namen und liest man auch heute noch seine Erzählungen.

Dieses Wirken über den Tod hinaus kommt nicht von ungefähr. Franz Schrönghamer-Heimdal hat sich nie nach literarischen Moden gerichtet. Und deshalb kann er auch nicht unmodern werden. Die meisten seiner Geschichten hat er aus dem eigenen Kindheitserleben im Bayerischen Wald geschöpft – und aus der verständnisvollen aber trotzdem kritischen Beobachtung seiner waldlerischen Landsleute, unter denen er einst als ein Bauernsohn aufgewachsen ist. Man spürt es Zeile für Zeile in Schrönghamers Werken, daß seine dichterische Phantasie keine verschwommenen Höhenflüge nötig hatte, sondern stets am Wurzelgrund der Heimat einen festen Halt fand – und einen Quell immer neuer Anregungen. Man merkt es auch dann noch, wenn er mit dickem Pinsel auftrug und in mancher heiteren Geschichte mit zielstrebiger Übertreibung die Handlung dem Höhepunkt zusteuerte. Neben der Lebensechtheit seiner Gestalten ist Schrönghamers sicheres Gespür für die Wirkung einer Geschichte auf den Leser wohl die zweite Voraussetzung für seinen fortdauernden Erfolg.

»Nur ein wirklich guter Mensch kann sich solche Geschichten ausdenken« hat von Schrönghamer einmal eine einfache Bäuerin aus dem Wald gesagt. Sie hat damit kurz und bündig die Frage beantwortet, warum nun schon seit etwa 70 Jahren seine Geschichten so gern gelesen werden. Sie sind schlicht und ungekünstelt, heimatverbunden und lebenswahr. Man merkt beim Lesen, daß Persönlichkeit und Werk zusammenstimmen. Was Schrönghamer geben wollte, und immer wieder auch gab, das war kräftige literarische Hausmannskost, vom süßlichen »Gartenlaube«-Stil ebenso weit entfernt wie vom reißerischen Unterhaltungskitsch oder vom elitären Gehabe der Nur-Ästheten.

Bereits 1932 hat Dr. Alfred Wurmb in einer Sendung des Wiener Rundfunks Franz Schrönghamer-Heimdal den »bayerischen Rosegger« genannt und als einen würdigen Nachfahren dieses großen, stammverwandten steiermärkischen Volksdichters gefeiert. Derartige Wertungen sind stets etwas fragwürdig, weil sie den Beigeschmack von Nachahmung und Unselbständigkeit haben. Es ist jedoch unverkennbar, daß Rosegger und Schrönghamer viel Gemeinsames hatten. Beide waren Waldbauernbuben, beide haben in volkstümlicher, treffsicherer Art das Loblied der Heimat und ihrer Menschen gesungen. Es ist bezeichnend, daß Schrönghamer selbst einmal Roseggers Waldbauerngeschichten nicht sein Vorbild, wohl aber seine liebste Lektüre genannt hat. Trotz akademischer Bildung und literarischer Vielseitigkeit ist er sein Leben lang im Innersten ein bäuerlicher Mensch geblieben, voll schlichter Geradheit und zähem Beharren auf das Angestammte.

Franz Schrönghamer wurde am 12. Juli 1881 in dem Walddorf Marbach bei Eppenschlag im jetzigen Landkreis Freyung-Grafenau als Sohn einer alteingesessenen, kinderreichen Bauernfamilie geboren. Er wäre gern selbst ein Bauer geworden, wie er später wiederholt beteuert hat.

Doch Lehrer und Pfarrer seiner Heimatgemeinde hielten ihn für so begabt, daß sie seine Eltern überredeten, ihren Buben auf das Gymnasium in Passau zu schicken. Er sollte Pfarrer werden, und trat deshalb 1893 in das bischöfliche Knabenseminar ein. Dort blieb er auch bis zum 1901 erfolgreich bestandenen Abitur, ja er studierte hernach sogar in Passau einige Zeit Theologie und Philosophie. Doch dann kam er doch zu der Überzeugung, daß ihm ein anderer Lebensweg bestimmt war.

Schon in den letzten Gymnasialjahren hatte Schrönghamer wiederholt Gedichte und Geschichten geschrieben, und aus dieser Zeit stammt auch sein Schriftstellername Heimdal. Doch gleichermaßen begabt war er auch als Zeichner und ganz besonders interessierte ihn die Baukunst. Deshalb siedelte er 1903 nach München über und studierte dort an der Technischen Hochschule Architektur. Er bestand auch 1907 sein Architektenexamen, doch das war nur noch Formsache, denn inzwischen hatte er bereits erkannt, daß er diesen Beruf wohl nie ausüben würde. Schon bald nach seiner Ankunft in München hatte er nämlich Kontakt zur Redaktion der »Fliegenden Blätter« bekommen, für die er in immer größerer Zahl Gedichte und Geschichten schrieb. Bereits 1904 erschien sein erstes Buch, der Gedichtband »Fern und leise«. Kaum hatte er sein Studium beendet, erhielt Schrönghamer das Angebot, für ein Fixum von 300 Mark und gesondertes Honorar für die eigenen Arbeiten in die Redaktion der »Fliegenden Blätter« einzutreten. Das war damals viel Geld, und Schrönghamer sagte sofort zu. Mehrere Jahre übte er seinen Redakteurposten aus, bis er so bekannt war, daß er den Schritt zum freien Schriftsteller wagen konnte.

Schon immer dem mondänen Literaturbetrieb abhold und von der »Stadtluft« übersättigt, verließ Schrönghamer 1912 nach weiteren Bucherfolgen München, kaufte in Neuburg am Inn ein altes Bauernhaus und fand dort für sein weiteres Schaffen endlich die nötige Ruhe. Sie dauerte leider nur zwei Jahre, denn sofort nach Ausbruch des Ersten Weltkriegs wurde Schrönghamer, der 1905/6 als einjährig Freiwilliger beim Bayerischen Leibregiment gedient hatte, als Reserveoffizier einberufen. Aus seinen Kriegserlebnissen entstanden mehrere Bücher. Nach Kriegsende zog er sich wieder in sein stilles Bauernhaus zurück.

Im Jahre 1919 lernte Franz Schrönghammer auf einer Eisenbahnfahrt die Tochter des Luftschiffpioniers Dr. August von Parseval kennen. Diese zufällige Begegnung entschied über sein Lebensglück. Noch im gleichen Jahr wurde geheiratet, und Schrönghamer fand damit nicht nur eine ideale Lebensgefährtin, sondern auch eine tüchtige Mitarbeiterin, die ihm bis ans Lebensende alle geschäftlichen Dinge abnahm und die auch heute noch seinen literarischen Nachlaß betreut.

Als nach dem Krieg die wirtschaftlichen Verhältnisse immer schlechter wurden, beschloß Schrönghamer ‚»Selbstversorger« zu werden. Er kaufte 1922 einen kleinen Bauernhof in Iggensbach. Auf die Dauer jedoch ließ ihm die schwere Bauernarbeit nicht genügend Zeit für den Schreibtisch, und als die ersten Nachwehen der Inflation vorbei waren, verkaufte er deshalb sein Anwesen und zog nach Passau. 1925 erwarb er dort am Stadtrand in Haidenhof ein Haus, von dem aus man einen großartigen Blick auf Passau hat, und das auch heute noch als Witwensitz seiner Frau all die vielen Erinnerungen an das Leben und Schaffen des Dichters enthält. Das sind nicht nur die große Bibliothek, die eigenen Bücher und die vielen Mappen mit Briefen und Manuskripten, sondern auch zahlreiche Zeichnungen und Gemälde Schrönghamers, dessen Maltalent kaum geringer war als das dichterische.

Als sich 1933 abzuzeichnen begann, daß für Schriftsteller seiner Art und inneren Einstellung kein Platz sein würde, übernahm Schrönghamer noch im gleichen Jahr die Chefredaktion des »Altöttinger Liebfrauenboten«, die er bis zur Einstellung des Blattes 1941 beibehielt. Trotz seines hohen Alters wurde damals Schrönghamer als Reserveoffizier zur Wehrmacht einberufen und erst 1944, mit 63 Jahren, endlich wieder in das zivile Leben entlassen.

Auch nach dem Krieg hatte das Schicksal für ihn noch eine schwere Prüfung bereit. Wegen der schönen Aussicht fand die amerikanische Besatzungsmacht Gefallen an seinem Haus und beschlagnahmte es für mehrere Jahre. Schrönghamer mußte mit seiner Frau und den beiden Kindern eine Notwohnung in Passau beziehen, die seinem Schaffen enge Grenzen setzte. Doch schließlich wandte sich alles wieder zum Guten, und Schrönghamer durfte in seinen letzten Jahren noch erleben, daß großes Interesse an seinen Geschichten bestand und eine ganze Reihe seiner Bücher in Neuauflagen herauskamen. Insgesamt sind von Franz Schrönghamer-Heimdal etwa 30 Bücher mit einer Gesamtauflage von über 100 000 Exemplaren erschienen. Auch an Ehrungen hat es in seinen letzten Lebensjahren nicht gefehlt, vom Bundesverdienstkreuz bis zu literarischen Preisen. Seine Heimatgemeinde Eppenschlag und die Stadt Passau haben Schrönghamer das Ehrenbürgerrecht verliehen.

In unserer Zeit sind Bücher eine sehr schnellebige Ware. So kommt es, daß von Schrönghamers Büchern fast keines mehr im Handel ist. Der vorliegende Erzählungsband soll die große Lücke schließen helfen. Es sind darin Geschichten vereinigt, die alle eines gemeinsam haben: Sie erzählen vom Leben im Bayerischen Wald, wie es früher war, als in Marbach ein Waldbauernbub namens Franz Schrönghamer heranwuchs.